Andreas M. Dittrich

# GATE 2-2

## Aufbruch ins Leben

Bibliografische Information der Deutschen
Nationalbibliothek:
Die Deutsche Nationalbibliothek verzeichnet diese
Publikation in der Deutschen Nationalbibliografie;
detaillierte bibliografische Daten sind im Internet über
http://dnb.dnb.de abrufbar.

Lektorat: Antje Moe Busch
Korrektorat: Fabienne Joray, Barbara Ramirez de Anda
Umschlagsgestaltung: Andreas Hilz

Herstellung und Verlag: BoD – Books on Demand,
Norderstedt

ISBN: 9783750431812

*Manche Menschen können den Regen spüren.*

*Andere werden nur nass.*

*-Bob Marley*

# Inhaltsverzeichnis

# VORWORT

**Die wichtigste Aufgabe in deinem Leben ist:
Herauszufinden was deine wichtigste Aufgabe im
Leben ist.**

Wow, der Satz hatte es beim ersten Kennenlernen in sich. Diesen Moment würde ich nie vergessen. Ich setzte mich hin und wusste erstmal überhaupt nicht warum mich diese Zeilen so tief bewegten, denn ich hatte bisher dem typisch normalen Lifestyle hinterhergejagt. Genormt. Bisher war das nirgends in meiner Gedankenwelt aufgetaucht.

Die versteckte Frage in diesem Satz, hat jedoch eine unbändige Neugierde geweckt. Ein Interesse das sich sehr schwer in Worte fassen lässt.

Was ist der Sinn des Lebens? Warum sind wir hier und was soll der ganze Bullshit drumherum eigentlich? Wo gehen wir danach hin und wie werde ich in meinem Leben eigentlich glücklich? Fragen, die wir uns im Laufe unseres Lebens wahrscheinlich alle irgendwann einmal stellen.

Die Suchmaschinen gaben nur unbefriedigendes Material her und dies ermutigte mich, selbst zu forschen in vielen Ländern dieser Welt. Ich nahm die Dinge selbst in die Hand.

Manche Menschen fühlen, dass „etwas" nicht ganz stimmig ist, dass da „irgendetwas fehlt", können es aber nicht wirklich erklären. Ich konnte dies damals auch nicht. Sie führen dies meist auf bestimmte Umstände oder äußere Einflüsse zurück.

Wir können noch so viel Geld verdienen, erfolgreich leben, sexy und begehrenswert in den Augen anderer sein oder uns mit materiellen Statussymbolen eindecken. In deinen Momenten der Stille und Reflektion ist er da: Der Gedanke hinter deinen Gedanken. Hinter dem permanenten Gequassel:
Was ist die wichtigste Aufgabe in deinem Leben? Falls du dieses Sehnsuchtsgefühl, welches einfach nicht mehr weggeht, kennst: Herzlich willkommen auf dieser Reise....

# ABFLUG

Auf dem Weg zum Flughafen begann es zu regnen. Ich saß im Taxi und dachte darüber nach, was ich eigentlich hier machte. Ohne es zu diesem Zeitpunkt zu wissen, würde ich mir diese Frage in den kommenden Tagen noch häufiger stellen. Während der Regen gegen die Scheiben prasselte und im Autoradio Weichspülmusik lief, ließ ich meine Gedanken schweifen. Immer wieder schwirrte die Frage durch meinen Kopf, ob ich die richtige Entscheidung getroffen hatte. Als ich einige Wochen zuvor diese E-Mail erhielt, hätte ich niemals gedacht mich auf so etwas einzulassen.

**„Du entscheidest über dein Glück"** lautete der Betreff der E-Mail. *Typische Spam-Mail, die ihren Weg in mein Postfach gefunden hat*, dachte ich zum damaligen Zeitpunkt. Aus irgendeinem Grund, höhere Gewalt oder einfach nur pure Neugier, las ich die Mail. Dabei ist mir ein Satz ganz besonders in Erinnerung geblieben:

*„Alles läuft nach deinen Bedingungen und zu deiner Zeit!"*

Obwohl ich im ersten Moment nicht viel darauf gab, beschäftigte mich der Inhalt der E-Mail. War ich auf dem falschen Weg? War ich sogar auf der Suche?

Je öfter ich den Text las, umso klarer wurde mir, dass ich wirklich etwas suchte. Die beruflichen Erfolge hatten ihre erfüllende Wirkung verloren. War dies überhaupt jemals der Fall oder habe ich mir diesbezüglich all die Jahre nur etwas vorgemacht? Privat lief alles so, wie es sein sollte – dachte ich. Aber auch diese Ebene in meinem Leben konnte mich irgendwie nicht zufriedenstellend erfüllen.

Ich erhoffte mir, auf dieser Reise Antworten zu finden. Antworten auf die Fragen, die ich hatte und die mir niemand beantworten konnte.

*„Wir sind da."*

Ich war so in meine Gedanken versunken, dass ich die Worte des Taxifahrers erst gar nicht wahrnahm.

*„Wir sind am Flughafen"*, sagte er und tippte mir an die Schulter. Aus meinen Gedanken gerissen, entgegnete ich: *„Entschuldigung"* und bezahlte.

Die Regentropfen fielen mir ins Gesicht und ich war froh, als ich die trockene Eingangshalle des Flughafens betrat. Das Geräusch des Regens wich der Geräuschkulisse des Terminals. Menschen, die sich unterhielten, während andere versuchten eilig von A nach B zu gelangen. Stress und Hektik lagen in der Luft.

Zielgerichtet bahnte ich mir meinen Weg durch den üblichen Wahnsinn: Schuhe ausziehen, Taschen leeren, Screening, Abtasten und nochmals durch den Scanner und dann endlich – auf zum Gate 22. Ein paar Minuten hatte ich noch. Also setzte ich mich. Meine Sitznachbarin schien weitaus mehr im Stress zu sein als ich. Sie jonglierte zeitgleich mit Laptop, Smartphone und iPad.

*Bei der Gestikulation, die die Dame an den Tag legt, ist es nur eine Frage der Zeit bis sie den abgestellten Kaffeebecher umstößt.*

Kaum war mir dieser Gedanke durch den Kopf geschossen, passierte das Unvermeidbare.

*Shit,* dachte ich und versuchte noch nach dem Kaffeebecher zu greifen.

Zu spät!

Der Inhalt meiner Tasche hatte nun ein leichtes Koffein-Aroma und einen richtig großen Fleck.

*Das Multitasking auf Champions-League-Niveau hat wohl nicht so geklappt,* dachte ich und konnte mir ein leichtes Schmunzeln nicht verkneifen. Sie versuchte mit einem Taschentuch den Schaden so gut wie möglich zu beheben.

Während sie also probierte alles wieder einigermaßen trocken zu tupfen, fluchte sie leise vor sich hin – wahrscheinlich in der Hoffnung, dass ich es nicht hören würde.

Begleitend von der Frage: *„Warum habe ich die Teile überhaupt mitgenommen?"* begann sie die Technik in ihren Rucksack zu packen. Zwischendurch sah sie mich an, holte tief Luft und sagte dann: *„Sorry, nicht mein Tag heute. Ich bin Carla."*

Sie streckte mir ihre Hand entgegen und ich erwiderte: *„Freut mich, Carla. Und keine Sorge, wir haben alle mal einen bad day. Ich bin Ben."*

Während Carla noch damit beschäftigt war Laptop und Co. im Rucksack zu verstauen, holte sie ein Buch heraus und legte es neben sich hin. ***„Die wichtigste Aufgabe in deinem Leben ist, herauszufinden, was deine wichtigste Aufgabe ist"*** stand auf dem Buch.

*„Toller Titel"*, sagte ich und schaute Carla an. Sie hantierte allerdings immer noch an ihrem Rucksack herum.

*„Bitte, was?"*

*„Das Buch. Ein toller Titel, finde ich."*

Carla nahm das Buch in die Hand und meinte: *„Ja. Schließlich brauchen wir doch alle eine sinnvolle Aufgabe in unserem Leben. Oder etwa nicht?"*

Ich nickte nur etwas zurückhaltend, denn schließlich war ich mir nicht sicher, was meine Lebensaufgabe ist oder sein sollte. Carla erzählte mir, dass sie beruflich viel unterwegs und oftmals sehr eingespannt sei. Jetzt hatte sie sich aber eine Auszeit genommen, um sich über einige Dinge klarzuwerden. Gerade als unser Gespräch eine interessante Wendung nehmen sollte, kam die Ansage zum Flug.

*„Ich muss los!"*

Noch bevor ich etwas erwidern konnte, war sie auch schon weg. Ich schaute noch einmal hinterher und sah wie Carla als Erste durch die Schranken lief. *Immer unter Strom, dafür aber Business-Class*, dachte ich und war einen kurzen Moment neidisch. Nicht auf den Stress und die Hektik, die Carlas Leben zu begleiten schienen, sondern auf die Business-Class. Beine ausstrecken während des langen Fluges. Das wäre sicherlich viel entspannter gewesen.

Während ich durch den Flieger zu meinem Sitzplatz ging, sah ich Carla noch einmal im Vorbeigehen – sie nickte mir nur kurz zu.

Endlich – mein Sitzplatz. Das Handgepäck war verstaut, also setzte ich mich und versuchte zu entspannen. Dabei schoss mir die Frage durch den Kopf, ob Carla und ich das gleiche Ziel hatten.

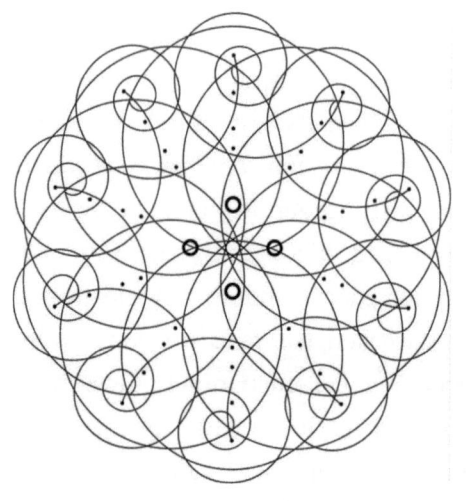

# ANKUNFT

Da war ich nun also – an jenem geheimnisvollen Ort, dessen Beschreibung mich so in den Bann gezogen hatte, dass ich es wirklich wagte diese Reise anzutreten. Ein Hotel irgendwo im Nirgendwo. Als ich am Tag zuvor im Hotel eincheckte, wusste ich nicht, warum ich genau dieses gewählt hatte. Ich war auch nicht in der Lage mir in diesem Moment darüber Gedanken zu machen. Der lange Flug hatte seine Spuren hinterlassen und ich war froh, als ich abends im Bett liegen und die Augen schließen konnte. Um mich herum war eine beruhigende Stille, die lediglich von dem Zirpen der Grillen unterbrochen wurde. Geschlaucht von dem langen Tag und begleitet von den nächtlichen Geräuschen der Natur fiel ich in einen tiefen Schlaf.

Am nächsten Morgen fühlte ich mich so erholt und ausgeschlafen wie schon lange nicht mehr. Nach dem Frühstück machte ich mich auf den Weg, die Anlage zu erkunden. Ich spürte die Sonnenstrahlen auf meiner Haut.

Um mich herum grünte und blühte alles. Ich hatte selten in meinem Leben so eine wunderschöne und unberührte Natur gesehen. Die Schönheit und Vielseitigkeit der Blumen und Pflanzen, die ich erblicken konnte, löste in mir ein tiefes Wohlbehagen aus.

Mein Weg durch die Anlage führte an Menschen vorbei, die mit einer Hingabe Schnitzarbeiten ausführten, wie ich es noch nie erlebt hatte. Es schien, als seien diese Menschen vollkommen glücklich und zufrieden mit dem was sie taten – als gäbe es für sie nichts Schöneres auf dieser Welt. Und dann konnte ich einen Blick in einen der riesigen Räume erhaschen, aus denen die Handwerker kamen.

An der Wand hing ein gewaltiges Bild, das mich magisch anzog. Wie von einer unsichtbaren Macht wurde ich geradezu von diesem Bild geleitet. Ich schlüpfte durch die Tür und setzte mich andächtig vor das Gemälde. *Wow, was für ein Kunstwerk,* dachte ich und spürte wie ich nahezu komplett in diesem Bild versank.

In mir breitete sich das warme Gefühl des Angekommenseins aus. Ich wurde ruhig und die Anspannung der letzten Tage fiel einfach von mir ab.

Ich wusste nicht genau, was es war – aber dieses Bild hatte eine enorme Wirkung auf mich. Und so bemerkte ich auch nur beiläufig, dass sich jemand neben mich setzte. Aus Reflex schaute ich hin und wieder weg. Verwirrung kam auf.

War sie es? Carla?

Im ersten Moment wusste ich nicht, was ich tun sollte – aufstehen und gehen? Das könnte jedoch sehr unhöflich wirken. Also schaute ich noch einmal nach rechts: Und ja, sie war es wirklich – aber ganz ohne Make-up, Smartphone und Co. Carla lächelte mich an und signalisierte mir, dass wir den Raum verlassen sollten.

„Na, das ist ja ein Zufall!", sagte Carla, als wir beide vor dem Raum standen.

„Ist es das?", erwiderte ich.

„Wer weiß. Hast du Lust auf einen Spaziergang?", fragte sie.

Ich nickte zustimmend und so begannen wir langsam durch die Anlage zu gehen.

„So, du bist also auch auf der Suche?", fragte sie in einem leicht frechen Ton, während wir über die grünenden Wiesen schlenderten.

„Kennst du das Gefühl alles zu haben, das man vermeintlich zum Leben und Glücklichsein braucht und dennoch eine tiefe innere Leere zu spüren?", fragte ich Carla.

„Oh ja, nur zu gut. Früher ging ich voll und ganz in meinem Job als Sales-Managerin auf. Ich freute mich auf jede neue Herausforderung. Jeder Business-Trip war für mich wie ein kleines Abenteuer. Ich lernte neue Menschen, Städte und Kulturen kennen. Und trotzdem war die Freude nach Hause zu kommen jedes Mal groß. Ich war nach jeder Reise froh ein paar Tage in meinen eigenen vier Wänden verbringen zu können. Und anschließend freute ich mich wieder auf das nächste Abenteuer, das mich erwarten würde. Heute ist alles anders! Jede Geschäftsreise betrachte ich nur noch als ein Muss. Ich habe die Freude am Reisen und auch an meinem Job verloren.

Zu Hause fällt mir schon nach wenigen Stunden die Decke auf den Kopf. All die Dinge, die ich früher gerne in meiner Freizeit gemacht habe, haben heute ihren Reiz verloren.

Ich empfinde einfach keine Freude mehr an dem was ich tue – egal, ob beruflich oder privat. Als ich merkte, dass ich mich veränderte, habe ich begonnen mir etwas von meinen Reisen mitzubringen. Mal waren es ein paar neue Schuhe, ein anderes Mal etwas zum Anziehen oder Accessoires für die Wohnung. Ich versuchte diese zunehmende Leere in mir zu füllen. Aber egal, was ich mir kaufte, es wurde einfach nicht besser.

In letzter Zeit habe ich dann so viele Termine mit potenziellen Partnern oder Konditionsverhandlungen wie nur möglich in meinen Tag gepackt. Ich wollte so wenig Zeit wie nötig zu Hause verbringen. Ich reiste von A nach B und manchmal wusste ich am Morgen nicht einmal mehr in welcher Stadt ich aufwachte. Ich dachte, wenn ich mehr *arbeiten würde, kommt die Freude am Job schon zurück."*

Carla verstummte.

Ich hakte nach: *„Das war wohl nicht so?"*

Sie schüttelte verlegen den Kopf und fuhr dann fort: *„An manchen Tagen habe ich bis zur Erschöpfung gearbeitet. Die Signale meines Körpers habe ich gekonnt überhört. In so manchen Nächten habe ich nur drei oder vier Stunden geschlafen. Gegessen wurde schnell zwischen den Terminen. Und an einigen Tagen fühlte ich mich so leer und energielos, dass ich kaum aus dem Bett kam. Eine tiefe Traurigkeit machte sich in mir breit und ich wusste nicht warum. Aber all das habe ich nicht ernst genommen. Ich bin immer wieder über meine Grenzen gegangen und habe noch mehr Termine gemacht.*

*Vor einigen Monaten habe ich mich zum Essen mit einem Freund getroffen. Zuvor hatte ich das Treffen mehrere Male verschoben oder abgesagt. Als ich im Restaurant ankam, hatte ich mein Telefon am Ohr, meinen Terminkalender und das iPad unter dem Arm – alles griffbereit, um sekundenschnell agieren zu können.*

*Ich setzte mich an den Tisch, beendete das Telefonat und mir wurde klar, dass es die erste Mahlzeit seit Wochen war, die ich an einem Tisch und nicht zwischen Tür und Angel einnahm. Mein Freund sah mich an und sagte mir, dass ich unbedingt eine Auszeit bräuchte. In seiner Praxis habe er täglich mit Patienten wie mir zu tun. Wenn ich so* weitermachen würde wie jetzt, wäre ein Burnout noch das geringere Übel, das mir widerfahren könnte. Ich glaube, das war der Moment, in dem es in meinem Kopf KLICK gemacht hat."

Vieles, das Carla erzählte, kam mir bekannt vor. Beruflich war ich auch oft unterwegs und selbst die größten Erfolge zeigten keine Wirkung mehr. Wenn andere Menschen mir auf die Schulter klopften und sagten: *„Gut gemacht!"* oder *„Toller Job!"*, war es für mich selbstverständlich geworden.

*„Ich weiß, was du meinst"*, erwiderte ich und fuhr fort: *„Also versuchst du durch deinen Aufenthalt hier, einen neuen Sinn in deiner Arbeit zu finden?"*

Carla antwortete kurz und knapp: *„Ja!"*

Einen Moment lang war es still. Es war jedoch kein bedrückendes Schweigen, das von uns beiden ausging. Es fühlte sich eher an, als würden wir beide das Gesagte und Gehörte erst einmal verarbeiten müssen.

Carla unterbrach die Stille mit der Frage: *„Und was ist mit dir Ben? Bist du auch auf der Suche nach dem Sinn in deinem Job?"*

Ich hielt kurz inne und antwortete: *„Nein, ich glaube ich suche grundsätzlich den Sinn in meinem Leben und nicht primär in meiner Arbeit. Wie hieß das Buch gleich nochmal, das du am Flughafen dabeihattest? Genau:*

## „Die wichtigste Aufgabe in deinem Leben ist, herauszufinden, was deine wichtigste Aufgabe ist"

Ich glaube, ich suche genau nach dieser Aufgabe. Mein Leben ist gut, keine Frage. Aber irgendetwas scheint zu fehlen. Ich spüre in mir eine Rastlosigkeit. Nichts, das ich tue, kann dieses Gefühl irgendwie befriedigen. Je mehr ich mache, in der Hoffnung endlich an mein Ziel zu kommen, umso stärker wird diese Rastlosigkeit.

Es ist, als würde ich immer wieder gegen den Strom schwimmen und mich nicht von diesem treiben lassen. Mein ganzes Leben lang habe ich geplant und mich auf die unterschiedlichsten Dinge vorbereitet.

In der Schule und auf der Uni wollte ich einen guten Abschluss erreichen, damit ich später einen gut bezahlten Job bekomme. In diesem angekommen, musste ich wieder planen und mich vorbereiten, um eine bessere Stelle zu besetzen. Rückblickend wollte ich wahrscheinlich nur den Anforderungen und Erwartungshaltungen anderer gerecht werden. Ich dachte ich muss und will so leben, weil es schließlich auch alle andere taten und dies von mir erwartet wurde.

Ich war der Meinung, dass ich unbedingt das neuste Auto kaufen muss, damit ich glücklich und zufrieden leben kann. Aber auch das Auto oder andere materielle

*Anschaffungen konnten mich nicht glücklich machen. Es waren lediglich Statussymbole für die Tatsache, dass ich gut verdiene. Mit Glück oder innerer Zufriedenheit hatte der ganze Mist nichts zu tun.*

*Lange Zeit habe ich dann gedacht, ich muss nur den richtigen Menschen an meiner Seite haben, damit ich mich wohl und angekommen fühle. Ich musste jedoch erkennen, dass kein anderer meine innere Leere füllen kann.*

*Jetzt möchte ich endlich **MEINE** Aufgabe finden. Den Sinn meines Daseins ergründen. Endlich innerlich ankommen!"*

Carla nickte und in ihren Augen konnte ich erkennen, dass sie ähnlich fühlte. Schweigend gingen wir beide weiter durch die Anlage und genossen die Unbeschwertheit der Natur und diesen Moment.

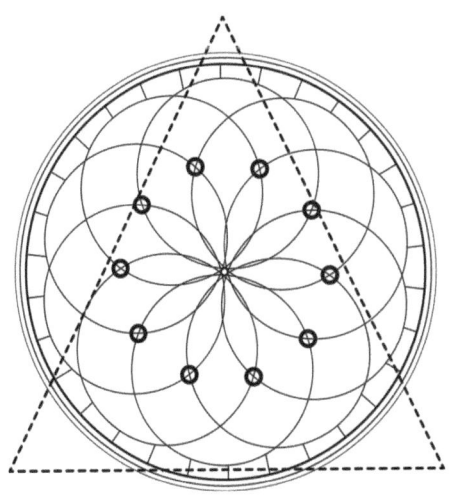

# ENTDECKUNGEN

Nachdem ich meinen Spaziergang mit Carla beendet hatte, machte ich mich auf den Weg in mein Zimmer. Zuvor legte ich jedoch noch einen kleinen Zwischenstopp an der Rezeption ein. Ich wollte wissen, was es auf der Insel zu entdecken gab. Die nette Dame erklärte und zeigte mir auf einer Karte die typischen Touristenattraktionen. *Nein, danke! Kein Interesse,* dachte ich.

*„Ich bin auf der Suche nach speziellen Orten aber ohne Touristen – ohne Geplapper. Habt ihr da jemanden, der mir das zeigen könnte?",* fragte ich.

Sie wiegte den Kopf hin und her und sagte dann: *„Ich melde mich, falls ich etwas finde."*

Ich bedankte mich für das nette Gespräch. Ich wusste nicht genau warum, aber als ich so durch das Hotel ging, hatte ich das Gefühl, dass es auf dieser Insel etwas für mich zu entdecken gab. Etwas, weitab der herkömmlichen Touristen-Hotspots. Wir werden sehen. Am Abend, ich kam gerade aus der Dusche, schob jemand einen Zettel unter meine Tür durch. *Komisch,* dachte ich im ersten Moment, nahm den Zettel und las: ***Treffpunkt: 6.00 Uhr an der Rezeption!***

*Boah! Ich bin doch gar kein Frühaufsteher – 6 Uhr!!,* schoss mir durch den Kopf. Aber okay, warum nicht!

Ich überlegte mir, ob Carla vielleicht Lust hätte, das auch zu erleben. Zum Glück hatte ich mir gemerkt, welche Zimmernummer sie hatte. Die Idee mit dem Zettel unter der Tür gefiel mir und so schrieb ich Carla eine Notiz. Ich schob das kleine Stück Papier unter ihrer Zimmertür durch. Keine fünf Minuten später hörte ich ein Kratzen unter meiner Tür. Auf der Rückseite des Zettels hatte sie: *JA* geschrieben. Das Abenteuer konnte also beginnen.

Punkt 6.00 Uhr morgens an der Rezeption: Ein Mann im traditionellen Gewand begrüßte mich mit den Worten: *„Hallo, mein Name ist Kauhi."*

Ich fragte höflich, ob es okay wäre, dass Carla mitkommt. Er nickte während er auf ein Paar zeigte, das ebenfalls in der Lobby stand. Er nickte nochmals und wir folgten ihm nach draußen. Anschließend stiegen wir alle in ein Auto und fuhren los. Während der Fahrt herrschte absolute Stille. Keiner der Anwesenden sagte ein Wort.

Hin und wieder wurde die Stille durch Kauhi unterbrochen, ohne dass er Worte verwendete. Er zeigte auf unterschiedliche Dinge und lenkte damit unsere Aufmerksamkeit in verschiedene Richtungen. Was genau dies zu bedeuten hatte und warum er nichts sagte, war mir in diesem Moment noch nicht klar.

Nach einer Weile hielten wir vor einer großen Tempelanlage. Wir stiegen aus und ich konnte das Schild lesen, das die Öffnungszeiten für 10.00 Uhr ankündigte. Ich schaute auf mein Smartphone: Es war gerade einmal 6.25 Uhr. Sollten wir jetzt hier über drei Stunden warten, bis wir die Anlage betreten konnten?

Kauhi ging auf das Tor zu und wie aus dem Nichts tauchten zwei Männer auf. Ich konnte nicht erkennen, ob es sich um Mönche handelte. Die Männer öffneten das große, schwere Tor. Kauhi machte eine dankende Handgeste gegenüber den Männern, die sich wieder entfernten. Anschließend drehte sich Kauhi zu uns um und deutete an, dass wir ihm folgen sollten.

Wir gingen also durch dieses riesige und beeindruckende Tor und betraten die Tempelanlage. Ich nahm unterschiedliche Geräusche wahr. Ein Rechen, mit dem gerade Laub zusammengeharkt wurde. Aus einer anderen Richtung konnte ich leise Gespräche hören, die jedoch in weiter Entfernung schienen.

Auf einmal spürte ich eine Schwere auf meiner Schulter. Ich schaute vorsichtig nach links und erkannte eine Hand. Als ich mich umdrehte, blickte ich in die Augen des anderen Mannes, der auf der

Fahrt ebenfalls sehr schweigsam war. Seine Frau hielt schüchtern seine Hand.

Mit ruhiger Stimme fragte er: *„Können wir vereinbaren, dass du keine Fotos machst, auf denen wir zu sehen sind."*

Im ersten Moment fragte ich mich, wie er auf die Idee kommt, dass ich Fotos machen will. Dann bemerkte ich jedoch, dass ich mein Smartphone noch in der Hand hielt.

*Verdammt! Ich spüre nicht mal mehr bewusst, wenn ich das Ding in der Hand halte*, dachte ich.

Der Ausdruck in seiner Stimme unterstrich die Wichtigkeit seiner Bitte. Spontan legte ich meine Hand auf seine Schulter und sagte: *„Versprochen!"*

Ich sah aus dem Augenwinkel, dass Carla ihn auch gehört hatte. Sie nickte ebenfalls zustimmend.

Er schaute mich und Carla an. Dann sagt er: *„Ich erkläre es euch später."*

Ich packte mein Smartphone in die Tasche und nahm mir vor, es nicht wieder herauszuholen. Während wir weiter durch die Tempelanlage gingen, sahen wir viele Männer, die ihrer Arbeit nachgingen. Alle lächelten Kauhi an. *Er scheint hier wohl zu Hause zu sein*, dachte ich.

# DIE INTENTION

Vor einer Grotte blieben wir stehen und Kauhi deutete auf den Eingang. Ich machte einen Schritt darauf zu. Kauhi hielt mich an der Schulter jedoch zurück und gab mir zu verstehen, dass ich meine Schuhe ausziehen sollte. Als ich das getan hatte, sagte er zu mir: *„Du musst eine Intention setzen!"*

Ich schaute ihn fragend an, denn ich hatte nicht verstanden, was er von mir wollte. Meine Schuhe stellte ich beiseite und betrat dann die Grotte. Ich hatte etwas total Besonderes erwartet. Und was passierte? Nichts!

In meinem Kopf begann es zu arbeiten: *Was für eine Intention? Wieso eigentlich Intention? Ich will Antworten auf meine Fragen, speziell darauf, wie ich in diesem Leben glücklich werde!*

Der innere Dialog hörte gar nicht mehr auf: *Was passiert, wenn ich keine Intention finde? Und wenn ich gar keine habe?*

Leichte Panik kam auf. Ich wollte doch endlich Antworten auf meine Fragen finden. Und ich dachte an einem Ort wie diesem, würden mir die Antworten wie eine Art Eingebung gegeben werden. Ich versuchte mich zu beruhigen und atmete tief durch.

Mit meinen Händen berührte ich den kühlen Stein, in der Hoffnung vielleicht jetzt endlich etwas Besonderes zu erleben. Ich stellte mir vor, wie durch die Berührung plötzlich alle Fragen beantwortet werden oder ich zumindest irgendein Zeichen bekomme. Nichts! Es passierte einfach rein gar nichts.

Etwas enttäuscht verließ ich die Grotte, während die anderen noch blieben. Ich setzte mich außerhalb der Grotte auf einen großen Stein und wartete bis auch die anderen ihre Zeit in der Grotte verbracht hatten.

Carla kam strahlend heraus und setzte sich neben mich. *„Hast du denn nichts gespürt?"*, fragte sie.

*„Nein! Was denn auch?"*, erwiderte ich.

*„Na, diese Energie! Dieser ganze Ort ist so energiegeladen"*, antwortete sie vollkommen euphorisch.

*„Nein, leider nicht. Für mich sind das alles nur Steine"*, sagte ich.

Kaum hatte ich die Worte ausgesprochen, kam Kauhi auf mich zu und signalisierte mir mit einer Kopfbewegung, dass ich ihm folgen sollte. Er setzte sich ein paar Meter weiter weg auf einen großen Stein. Langsam nahm ich neben ihm Platz.

Er deutete mit seinem Kopf einmal im Kreis herum, ohne ein Wort zu verlieren. Dann schloss er seine

Augen, nahm einen tiefen Atemzug und ich sah wie sich seine Schultern entspannten.

Ich wartete, ob er nun etwas zu mir sagen würde. Er blieb still. Ich richtete meinen Körper in der gleichen Weise aus und schloss meine Augen.

Und dann auf einmal sagte Kauhi: *„Nimm wahr, wo du bist. Stell dir für einen Moment vor, dass Energie wie Wasser ist. Schau die Hänge hinauf und folge dem Weg des Wassers. Wie würde es fließen, welche Windungen nehmen, wo genau zusammenfließen?"*

Ich ließ meine Augen geschlossen, nahm einen tiefen Atemzug und öffnete dann meine Augen. Und da war er plötzlich - dieser **Moment**.

Stille im Kopf, kein Geplapper. Ich konnte „sehen", wie das Wasser den Berg runterfließen würde. Ich drehte mich um 360 Grad und dann wusste ich warum wir exakt hier saßen.

Die gesamte Tempelanlage war genau auf diesen einen Punkt ausgerichtet. Absolute Perfektion. Ich schüttelte ungläubig meinen Kopf. Es fühlte sich so an, als ob ich zum ersten Mal in meinem Leben bewusst gesehen hätte. Kauhi und ich erhoben uns von den Steinen.

*„Alles in der Natur ist lebendig und beseelt. Jeder Stein, jeder Baum und alles andere in der Natur besitzt eine Energie. Und an manchen Orten konzentriert sich diese Energie ganz besonders.*

*Die für uns sichtbare Welt ist eine Realität. Dahinter gibt es jedoch genauso viel zu entdecken, wenn die Gesetze von Raum und Zeit aufgehoben werden. In dieser anderen Realität sind Menschen und Natur sowie Lebende und Verstorbene eng miteinander verbunden.*

*Eine wahre Intention zu finden ist eine Herausforderung, denn du musst hinter deine Gedanken kommen. Du steckst aber nicht fest, weil du es nicht kannst, sondern weil du vergessen hast wie das geht. Es braucht Hingabe und viel Übung"*, sagte Kauhi während wir gingen.

# DER INNERE DIALOG

Mit den Worten: *„Wenn irgendetwas wichtig ist, ist alles wichtig"*, setzte er sich gezielt auf einen anderen Stein und signalisierte mir mit einer Geste, dass ich neben ihm platznehmen sollte. Wir konnten von dort sehr gut auf den zentralen Punkt der Tempelanlage schauen.

Also setzte ich mich zum zweiten Mal schweigend neben ihn. Ich hatte noch Kauhis Worte im Kopf, bis auch hier erneut der innere Dialog verstummte.

Kauhi sah mich an und sagte: *„Die Intention ist eine klare Absicht – vollkommen unverfälscht von dem inneren Dialog, den inneren Bildern oder Filmen, die vor dem geistigen Auge ablaufen."*

Ich schwieg und während ich auf dem Stein saß, wurde mir bewusst, dass ich mein gesamtes Leben einen regen inneren Dialog mein Eigen nennen konnte. Permanentes Geplapper in Formel-1-Geschwindigkeit.

Immer wieder kreisten meine Gedanken um Fragen, Sorgen und Probleme. Selbst wenn ich mich abends ins Bett legte und versuchte zu schlafen, sah ich Bilder und Textpassagen vor meinem geistigen Auge, die mich davon abhielten endlich zur Ruhe zu kommen.

Bisher hatte ich meine Absichten immer nur von meinem inneren Dialog oder von anderen äußeren Einflüssen abhängig gemacht. Somit war es eigentlich nie meine Intention allein.

Die Erwartungen, Meinungen und Ansichten anderer beeinflussten nicht nur meinen inneren Dialog, sondern auch meine Intentionen.

Jeder kennt wohl das Sprichwort:

*„Mir ist ein Licht aufgegangen!".*

Bei mir ging gerade ein ganzes Flutlicht im Kopf an.

*Es kommt also auf die richtige Intention an,* dachte ich mir. Um diese zu finden, muss jedoch der innere Dialog Ruhe geben. Solange die Gedanken Karussell fahren, gibt es keine klaren Absichten. Also: Klappe halten, Bild und Ton aus, Intention an.

Und dann lachte ich lauthals über mich selbst. Ich habe mich zum ersten Mal in meinem Leben wirklich ausgelacht. Und es war sensationell. Ab genau diesem Zeitpunkt habe ich mich viel, viel weniger ernst genommen.

*Also, dass mit den klaren Absichten – der Intention: Das krieg ich wohl hin,* dachte ich zu diesem Zeitpunkt noch naiverweise.

Durch den Besuch der Tempelanlage wurde mir bewusst, dass es um eine klare Intention geht – eine glasklare unverfälschte Absicht.

Diese hinter dem gesamten Gedankenmüll freizulegen, würde aber nicht so einfach werden. Denn schließlich sind die meisten von uns, mich zum damaligen Zeitpunkt eingeschlossen, zu vernebelt von unserem Alltag und den damit verbundenen Bildern, Aktivitäten und Gegebenheiten.

Als wir uns auf den Rückweg machten, leuchteten die Flutlichtlampen in meinem Kopf so hell, dass ich die Wärme förmlich spüren konnte.

Ich war der Meinung, dass der Aufenthalt an diesem Ort das „letzte" Puzzlestück war. Ein großer Schritt zu meinem Ziel das Leben zu verstehen. Wow! War ich naiv, denn so einfach ist die ganze Geschichte dann doch nicht!

Ich sah wie Carla vom anderen Ende der Anlage in Richtung Auto gelaufen kam. Das andere Paar wartete schon ungeduldig. Erst jetzt bemerkte ich, dass viele andere Menschen in der Anlage waren. Am Auto fragte ich Carla nach der Uhrzeit. Es war 10.22 Uhr. Ich hatte innerhalb der letzten Stunden die Zeit komplett vergessen. Oder hatte ich mich in der Zeit verloren?

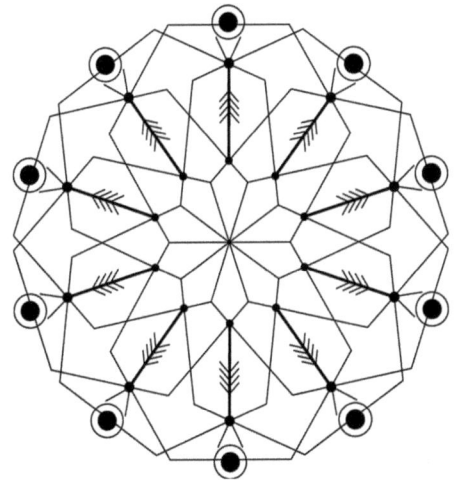

# REALITÄTEN

*<< Als Realität (lat. realitas) wird im allgemeinen Sprachgebrauch die Gesamtheit des Realen bezeichnet. Als real wird zum einen etwas bezeichnet, das keine Illusion ist und nicht von den Wünschen oder Überzeugungen einer einzelnen Person abhängig ist. >>*

Noch tief beeindruckt von dem Besuch der Tempelanlage am vorherigen Tag und dem Glauben, dass mir lediglich meine Intention fehlte, traf ich mich am nächsten Morgen mit Carla zum Frühstück. Zwischen Kaffee und Obstsalat erzählte sie mir vollkommen euphorisch, dass der Aufenthalt sie nachhaltig beeindruckt hatte.

*„Ich habe noch nie in meinem Leben eine so positive Energie wie an diesem Ort gespürt. So etwas ist doch einfach nur…"*

Carla konnte ihren Satz jedoch nicht beenden, da jemand mit den Worten: *„Entschuldigung. Darf ich kurz stören?"* an unseren Tisch herantrat.

Wir schauten beide zur Seite: Es war der Mann, der ebenfalls beim gestrigen Ausflug dabei war und der unter allen Umständen vermeiden wollte auf Fotos zu erscheinen.

„*Ich bin euch noch eine Erklärung schuldig. Darf ich mich setzen?*", fuhr er fort.

Carla und ich nickten und so nahm der Mann an unserem Tisch Platz. Er stellte sich als Mike vor, fügte jedoch hinzu, dass dies nicht sein richtiger Name sei. Und dann begann er uns seine Geschichte zu erzählen…

Mike hatte vor einigen Jahren bedeutende Artikel über die Praktiken der Mafia veröffentlicht. Dass die Damen und Herren des italienischen Geheimbundes darüber nicht so erfreut waren, dürfte wohl klar sein. Ich meine, wer möchte schon, dass Insiderwissen über politische Einflussnahme, Gewalt und Erpressung an die Öffentlichkeit dringt. Mit der Veröffentlichung seines Buches, hatte Mike somit auch zwangsläufig sein Todesurteil unterschrieben. Auf die Frage, warum er das Buch veröffentlicht habe, erhielt ich jedoch keine Antwort – zumindest nicht sofort.

Er erzählte uns zunächst, dass seine Frau und er seither ständig auf der Flucht wären. Sie hielten sich nie länger als ein paar Wochen an einem Ort auf. Damit die Mafia unter keinen Umständen ihren Aufenthaltsort ermitteln konnte, versuchte er alles so geheim wie möglich zu halten. Falsche Identitäten und immer die Angst im Nacken, bestimmten das

Leben der beiden. Und dann erklärte er uns warum er auf keinen Fall wollte, dass seine Frau und er auf irgendwelchen Fotos zu sehen sind.

Da die meisten Menschen ihre Fotos mittlerweile auf sozialen Plattformen veröffentlichen und die Mafia ein weitverbreitetes und gut verzweigtes Netzwerk besitzt, ist es für die beiden von größter Wichtigkeit, möglichst auf keinen Fotos aufzutauchen.

Die multimedialen Möglichkeiten der heutigen Zeit haben das Leben der beiden beschwerlich gemacht. Sie versuchen zurückgezogen zu leben und sich von großen Menschenansammlungen fernzuhalten.

Während des Gespräches schaute Mike immer wieder zu seiner Frau, die ein paar Tische weiter saß. Für ihn schien es wichtig zu sein, Carla und mir seine Geschichte zu erzählen, auch wenn wir in diesem Moment nicht wirklich das Warum verstanden. Das bemerkte auch Mike und sagte: *„Ihr fragt euch sicherlich, warum ich euch das überhaupt erzähle?"*

Carla und ich nickten zurückhaltend.

*„Natürlich hätte ich auch einfach sagen können, dass meine Frau und ich nicht auf Fotos erscheinen wollen. Das wäre aber nicht richtig gewesen."*

Und dann gab Mike uns die Antwort auf meine Frage, warum er sich überhaupt für die Veröffentlichung entschied.

*„Als ich das Buch damals geschrieben habe, war meine Absicht die Machenschaften aufzudecken und diese mit der Öffentlichkeit zu teilen. Mir war vollkommen bewusst, dass ich uns damit in Gefahr bringe. Es aber nicht zu tun, hätte mir in meinem Leben weitaus mehr Schmerz zugefügt. Ich nehme an, das war einfach meine wichtigste Aufgabe."*

*Ah! Das war es also: Ein Mensch, der wusste, was genau seine wichtigste Aufgabe im Leben ist,* dachte ich. In diesem Moment realisierte ich, dass die wichtigste Aufgabe im Leben auch Opfer mit sich bringen kann.

Wir bedankten uns für sein Vertrauen und versprachen, sein Geheimnis für uns zu behalten. Er ging zu seiner Frau an den Tisch zurück, während Carla und ich unser Frühstück beendeten. Allerdings war die Stimmung nun eine andere als vor dem Gespräch mit Mike.

Carla sagte kaum noch etwas und auch ich fand nicht die richtigen Worte, um ein einigermaßen unterhaltsames Gespräch zu beginnen, denn ich war tief beeindruckt.

Während Carla sich nach dem Frühstück auf den Weg zu einem Workshop machte, ging ich in mein

Zimmer. Dort angekommen, fiel mir ein, dass wir unser beim Frühstück begonnenes Gespräch gar nicht beendet hatten, da wir von Mike unterbrochen wurden. Und dann dachte ich über Mike und seine Frau nach.

*Was muss das für ein Leben sein? Ständig wechselnde Orte, kein wirkliches zu Hause und jeden Tag diese Angst, um das eigene Leben? Und warum hat Mike uns eigentlich seine Geschichte erzählt? Jeder Mitwissende stellt schließlich eine potenzielle Gefahr für ihn und seine Frau dar. War dies vielleicht ein Denkanstoß, um über mein eigenes Leben und wie ich dieses führe, nachzudenken? Mike hatte für seine Aufgabe ein großes Opfer gebracht. Hatte ich jemals in meinem Leben so ein Opfer gebracht und wäre ich überhaupt bereit dazu?*

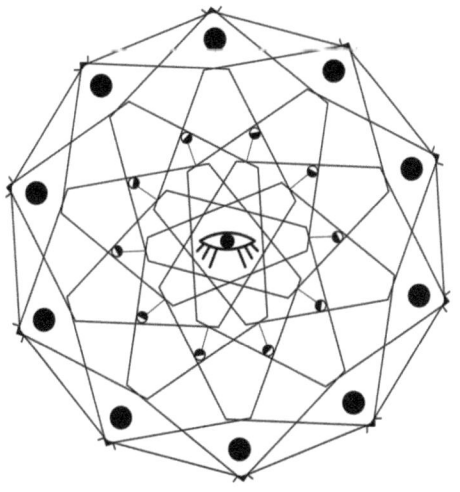

# DAS ERLEBEN DER
# REALITÄTEN

Ich merkte, wie der gedankliche Rennwagen wieder aus der Pole-Position startete. Der innere Dialog in seiner Bestform. *Wie war die Formel gleich nochmal? Genau: Klappe halten, Bild und Ton aus, Intention an*, dachte ich.

Es wollte aber nicht klappen. Worte, Bilder und Gedanken schossen mir in einer Geschwindigkeit durch den Kopf, sodass mir fast schwindelig wurde.

*Wo ist Kauhi, wenn ich ihn brauche*, dachte ich. *Er wüsste sicherlich, wie ich diesen scheiß-inneren Dialog jetzt zum Schweigen bringen könnte.*

Kauhi war aber nicht da und so unternahm ich einen Ausflug, um mich ein wenig abzulenken. In Wahrheit erhoffte ich mir, dass der innere Dialog aber endlich Ruhe geben würde. Naiv, ich weiß.

Ich machte mich also auf den Weg die Insel auf eigene Faust zu erkunden. Ich weiß nicht mehr wie lange ich durch die Gegend gelaufen war, aber auf einmal konnte ich einen Tempel erkennen. Als ich vor dem Gebäude stand, kam mir die Idee: Vielleicht kann mir hier jemand helfen, meinen permanenten und übereifrigen inneren Dialog in den Griff zu bekommen.

Es war sicherlich eine außergewöhnliche Bitte und deshalb zögerte ich auch einen kurzen Moment, bevor ich einen der Mönche ansprach. Ich erzählte ihm, warum ich hier sei und was ich mir erhoffte. Anschließend bat mich der Mönch zu warten und ging zurück in den Tempel. Während ich wartete überkam mich ein mulmiges Gefühl.

*Vielleicht stößt meine Bitte auf Widerstand?*

Da war er wieder, mein alter Bekannter – der innere Dialog. Bevor er jedoch so richtig in Fahrt kommen konnte, öffnete sich die Tür des Tempels und der Mönch empfing mich.

Ich folgte ihm in einen wunderschönen Raum. Genauso hatte ich mir das Innere eines Tempels vorgestellt: Braun geölter Boden, hohe verglaste Fenster mit Blick in den wunderschönen Garten. Der Raum strahlte eine unheimliche Ruhe aus. Doch in diesem Raum sollte es meinem inneren Dialog nicht an den Kragen gehen.

Der Mönch bog nach links ab. Ich folgte ihm und wir gingen einige Treppenstufen hinunter. Das Licht wurde etwas schwächer. Wir betraten einen komplett gefliesten Raum, mit einer Decke, die knapp über dem Kopf endete.

*Der andere Raum hat mir weitaus besser gefallen,* dachte ich. Verwirrung? Angst? Enttäuschung? Ich wusste nicht, was ich in diesem Moment fühlen sollte. Da stand ich also nun in einem von unten bis oben gefliesten Raum, der zudem auch noch eine gewisse Kälte ausstrahlte. An diesem Ort sollte ich mich also mit meinem inneren Dialog auseinandersetzen?

Während ich mich noch fragte, was ich jetzt hier eigentlich mache, stellte der Mönch mir meine Aufgabe: *„Laufe jeweils von einer Seite des Raumes auf die andere Seite. Versuche dabei immer langsamer zu werden und konzentriere dich auf deinen Atem. Wenn deine Zeit um ist, werde ich dich wieder holen."*

*Wie jetzt? Wieder holen?*, dachte ich.

Bevor ich etwas sagen konnte, war der Mönch auch schon verschwunden. Und ich? Ich stand in einem absurden, hässlichen Raum, der absolut nichts in mir auslöste. Nichts! Dort war einfach nichts – nicht mal ein Fenster, durch das Sonnenstrahlen eindringen konnten. Mit meinen Blicken suchte ich erneut den Raum ab.

*Moment mal. Was ist das dort in der Ecke?*, dachte ich und ging einen Schritt darauf zu. In einer Ecke des Raumes hing eine Videokamera. *Völlig surrealer Ort*, schoss es mir durch den Kopf.

*Aber okay! Du bist hier, um an deinem inneren Dialog zu arbeiten*, sagte ich zur mir selbst.

Also begann ich Schritt für Schritt aneinander zu hängen. Und mit jedem Schritt wurde der innere Dialog heftiger: *Was wollte Carla mir beim Frühstück noch erzählen? Warum bin ich hier und nicht am Strand? Wo war das Café, in das ich noch wollte? Was hat der Mönch nochmal gesagt? Atem! Ich soll mich auf meinen Atem konzentrieren.*

Mir schoss eine Teeweisheit durch den Kopf, die ich irgendwann einmal gelesen hatte:

**Unterschätze niemals die Kraft des Atems.**

Ich begann mich auf meinen Atem zu konzentrieren, so wie der Mönch es gesagt hatte. Atmen - Schritt - Schritt - Atmen - Schritt - Schritt - Atmen.

Die Zeit wurde absolut irrelevant. Ich schaffte es immer länger mich auf meinen Atem zu fokussieren. Und somit verlangsamten sich auch meine Schritte. Mit der Zeit verstummte nicht nur der innere Dialog, sondern ich tauchte auch in einen meditativen Zustand ein und fühlte mich unendlich gut.

Nach einer Weile nahm ich eine andere Person im Raum wahr. Ich hatte nicht bemerkt, dass jemand den Raum betreten hatte. Diese Person lief aber ebenfalls von einer Seite des Raumes auf die andere.

Mit einmal wurde meine Aufmerksamkeit auf die Bewegung der anderen Person gelenkt: *Aha! Dreimal so schnell wie ich*, dachte ich. Und auf einmal begann der innere Dialog wieder.

*Wann ist die Person in den Raum gekommen? Wer ist das?*

Ich schüttelte meinen Kopf, um den Dialog zu beenden. Es half nichts. Also wieder: Atmen - Schritt - Schritt - Atmen - Schritt - Schritt - Atmen.

Es dauerte eine Weile, aber dann hatte ich meinen Fokus wieder komplett auf meinen Atem gelenkt. Nichts und niemanden um mich herum, nahm ich bewusst wahr. Ich weiß nicht, wie lange ich dort auf- und abgegangen bin. Die Zeit spielte einfach keine Rolle mehr.

Irgendwann spürte ich etwas auf meiner Schulter. Ich drehte mich um und da stand der Mönch.

*„Deine Zeit ist um"*, sagte er.

Ich schaute mich im Raum um: Niemand, außer dem Mönch und mir, war da.

Der Mönch verließ den Raum und signalisierte mir, dass ich ihm folgen sollte. Als ich den Tempel verließ, brach langsam die Dämmerung an.

Ich machte mich auf den Weg zurück ins Hotel. Und während meines gesamten Weges konzentrierte ich mich auf meinen Atem. Als ich im Hotel ankam, sah ich Kauhi, der an der Rezeption stand. Er lächelte mir zu und nickte bestätigend, so als würde er wissen, was ich an diesem Tag erlebt hatte.

## DIE INTENTION SETZEN

Der nächste Morgen brach an und ich entschloss mich spontan einen Spaziergang zu unternehmen. Nach einer Weile kam mir Carla entgegen. *„Guten Morgen. Hast du…"* begann ich meinen Satz.

*„Keine Zeit!"* zischte Carla und huschte an mir vorbei. Ich schaute ihr etwas verwundert nach und ging dann weiter. Ein paar Schritte weiter sah ich Kauhi aus einer Hütte treten.

*„Darf ich dich ein Stück begleiten?"*, fragte er.

*„Gerne"*, antwortete ich.

Wir gingen eine Weile, ohne ein Wort zu sagen. Kauhi unterbrach die Stille: *„Du scheinst nachdenklich zu sein."*

*„Das stimmt"*, antwortete ich und fuhr dann fort: *„Eigentlich wollte ich auf dieser Reise Antworten auf meine Fragen erhalten. Aber irgendwie schaffe ich es noch nicht einmal meine Intention zu finden."*

Wir blieben kurz stehen, Kauhi sah mich an und auf seinen Lippen konnte ich ein leichtes Lächeln erkennen. *„Ist denn deine Reise schon zu Ende?"*, fragte er.

Ich antwortete nicht, weil ich nicht wusste, was ich sagen sollte.

Wir führten unseren Weg fort und Kauhi sagte: *"Intentionen sind mächtige Werkzeuge. Mit diesen findest du Freude und Erfüllung. Sie eröffnen dir einen Einblick in das, was du wirklich willst. Es geht nicht nur um ein Ziel, sondern um den Weg dorthin. Ziele sind nie Momente, in denen du lebst, sondern Momente der Zukunft, die du erreichen willst. Das Jetzt wird mit der falschen Intention immer als unzureichend betrachtet. Es wird nie so gut sein, wie das Ziel. Du schaffst vielmehr eine unbewusste Lücke zwischen dem, was du mit allen Sinnen in deinem Leben erfahren kannst und dem, das du gerne erfahren würdest. Daraus entsteht das Gefühl des Unglücklichseins.*

*Durch das Setzen der richtigen Intention schlägst du einen groben Weg ein. Manchmal führt dieser Weg über viele Abzweigungen zu den unterschiedlichsten Zielen. Und oftmals haben diese Ziele nichts mit dem zu tun, was du am Anfang erhofft hattest – außer, dass sie sich gut und richtig anfühlen.*

*Eine richtige Intention ist immer eine Aufforderung an dich selbst, dein Leben so zu leben, wie du es dir tief in deinem Inneren wünschst."*

*"Aber wie finde ich meine Intention?"*, fragte ich etwas ungeduldig. *"Ich weiß, dass ich nicht auf meinen inneren Dialog hören darf. Denn dieser offenbart mir nicht immer meine eigene Intention."*, fügte ich noch hinzu.

Aber anstatt eine Antwort zu erhalten, stellte Kauhi mir eine Frage:

*„Was ist dein Herz?"*

*Hä? Was für eine blöde Frage*, dachte ich im ersten Moment.

*„Mein Herz ist ein Organ"*, antwortete ich spontan.

*„Das Herz ist nicht nur ein Organ. Es ist dein Intentionszentrum – ein leuchtendes Zentrum, das dir deinen Weg zeigt. Um deine Intention zu finden, musst du dich selbst fragen, wann du wirklich in deinem Leben von Herzen glücklich warst. Wann hattest du das Gefühl, dass alles richtig ist und du mit dir selbst verbunden warst? Es muss ein Moment sein, in dem du vollkommen du selbst sein konntest: Voller Liebe, Ausgeglichenheit, rundum zufrieden und in enger Verbindung mit dir selbst.*

*Mit dem Gedanken an dieses Gefühl setzt du dann deine Intention. Frage dich, wie du dich fühlen willst und nach welchem Gefühl sich dein Herz sehnt. Deine Intention ist genau dieses Gefühl – diese Sehnsucht. Mithilfe deiner Intention kannst du deine eigene Realität erschaffen. Sofern du deinen inneren Dialog stoppst, befindest du dich in der träumenden Realität.*

*Deine Intention wird dich immer daran erinnern, warum du überhaupt ein Ziel hast. Mit dem Gefühl der wahren Freude wirst du immer auf dem richtigen Weg sein. Denn sie ist dein Leitstern.*

*Du wirst überlegen, was du tun kannst, damit du immer wieder dieses positive Gefühl erlebst. Mit der Zeit wirst du herausfinden, welche Orte, Menschen und Tätigkeiten dir guttun und dir zeitgleich helfen, deine Träume zu manifestieren. Dieser gute Moment wird immer öfter dein Begleiter sein – du wirst deine Augen schließen und wissen, dass alles gut ist."*

Irgendwie verstand ich nicht wirklich, was Kauhi mir eigentlich sagen wollte. Das merkte auch er und fragte: *„Warum haben so viele Menschen Angst vor dem Tod?"*

*Schon wieder so eine komische Frage: Erst das Herz und jetzt der Tod. Was kommt als nächstes,* dachte ich. Ich überlegte noch einen kurzen Moment und antwortete dann: *„Ich denke, dass die Meisten Angst vor dem Tod haben, weil es etwas Unbekanntes ist."*

Kauhi nahm einen tiefen Atemzug und sagte dann: *„Menschen haben häufig Angst vor dem Tod, weil sie die Dinge bereuen, die sie nicht getan haben und viel zu oft hängen sie auch an ihrem physischen Körper.*

*Nach dem Tod bleibt dieser jedoch nur als Hülle zurück. Alles, was einen Menschen zu seiner Lebzeit ausgemacht hat, ist verschwunden. Am Ende bleiben nur eine leblose Hülle und ein großes imaginäres Gefäß mit verschenkten Möglichkeiten.*

Sicherlich gibt es auch viele Menschen, die Angst vor dem Tod haben, weil sie nicht wissen, was danach passiert."

„Aber ist das denn nicht wichtig?", unterbrach ich Kauhi.

„Die Angst vor dem Unbekannten begleitet nur die Menschen, die ihre Lebensaufgabe nicht gefunden oder nicht nach dieser gelebt haben.", sagte Kauhi.

Einen Moment lang war es ruhig, dann fuhr er fort: „Diese Menschen denken unbewusst, auf einer ganz bestimmten Ebene, immer wieder über den Tod nach. Sie haben mit jedem verstrichenen Tag weniger Zeit, die Dinge zu tun, die sie eigentlich tun wollen. Wenn man jedoch jeden Tag so lebt, wie man es sich wünscht oder wie es der eigenen Aufgabe entspricht, dann muss man auch nicht befürchten keine Möglichkeiten mehr zu haben.

Wer sein Leben ganz nach der eigenen Bestimmung führt, erlebt jeden Tag auf eine ganz individuelle und erfüllende Weise. Mit dem Finden der eigenen Aufgabe und dem Leben nach dieser, kann wahre Erfüllung gefunden werden."

„Vielleicht ist es manchmal aber gar nicht so einfach die eigene Aufgabe zu finden oder nach dieser zu leben", sagte ich.

„Warum?", fragte Kauhi.

*„Unter Umständen ist es eine Frage des Geldes. Vielleicht können einige Menschen ihrer Lebensaufgabe nicht nachgehen, weil sie nicht so viel verdienen würden, wie in einem Job, der vielleicht nicht ihren Wünschen und Vorstellungen entspricht. Oder ihnen fehlt einfach der Mut. Sie kennen ihre Aufgabe im Leben und haben aber einfach Angst davor, was passieren wird, wenn sie dieser nachgehen. Was würden andere Menschen von ihnen denken und was passiert, wenn sie mit ihrer Aufgabe scheitern.",* sagte ich recht überzeugend.

Einen Moment lang schwieg Kauhi. Dann fragte er: *„Kennst du die Geschichte von dem König und seinem Sohn?"*

Ich schüttelte meinen Kopf.

*„Dann werde ich sie dir erzählen…*

*Eines Tages unternahm der König mit seinem Sohn einen Ausflug. Er wollte ihm die ärmeren Leute zeigen und damit deutlich machen, wie gut es ihnen ging und dass sie sich glücklich schätzen könnten, in einem Palast mit vielen Annehmlichkeiten zu leben. Die beiden verbrachten also einige Tage in ärmlichen Verhältnissen auf dem Land.*

*Nach der Rückkehr in den Palast fragte der König seinen Sohn, wie ihm der Ausflug gefallen habe. Ganz begeistert antwortete der Prinz: ´Es war ein schöner Ausflug Vater. ´*

*Anschließend fragte der König seinen Sohn, ob er einen Eindruck davon gewinnen konnte, wie arme Menschen leben. Das bejahte der Prinz.*

*Der König bat seinen Sohn zu erzählen, was er für sich von diesem Ausflug gelernt habe.*

*Und so begann der Sohn: 'Ich habe gesehen, dass wir nur einen Hund haben. Die Bauernfamilie, bei der wir gelebt haben, hatte vier Hunde. Wir haben in unserem Palast einen Pool. Dieser reicht nur bis zur Mitte unseres Gartens. Die Bauernfamilie badet in einem Bach, der endlos zu sein scheint. Wir haben Laternen in unserem Garten anbringen müssen. Die Bauernfamilie kann nachts die Sterne sehen und ihr Weg wird von diesen beleuchtet. Wir besitzen ein kleines Stück Land, auf dem wir leben. Die Bauernfamilie besitzt Felder, die außerhalb des Sichtfeldes liegen. Wir werden von Personal bedient. Die Bauernfamilie hat die Freude, andere zu versorgen.*

*Wir müssen uns unser Essen kaufen, sie hingegen bauen alles selbst an. Zudem ist unser Grundstück zu unserem Schutze von einer Mauer umgeben. Die Bauernfamilie aber hat Freunde, die sie beschützen. '*

*Der König war im ersten Moment sprachlos. Dann fügte der Königssohn hinzu: 'Danke Vater, dass du mir gezeigt hast, wie arm wir eigentlich sind. '"*

Kauhi verstummte kurz.

Dann fuhr er fort: „*Du entscheidest ganz allein, ob du arm oder reich bist. Wenn du etwas aus tiefster Seele und Leidenschaft tust, dann tust du es nicht nur gerne, sondern du schöpfst daraus auch Energie und Kraft. Du brauchst keine Auszeit von deinem Alltag, denn du freust dich jeden Tag aufs Neue darüber dieser Aufgabe nachgehen zu können. Wer seine Lebensaufgabe voller Hingabe angeht, wird positive Gefühle und Erfahrungen ernten. Du wirst immer wieder in deinem Tun und Handeln bestätigt.*

*Aus einer falschen Intention heraus tun viele Menschen Dinge, die nicht der eigenen Lebensaufgabe entsprechen.*

*Die daraus resultierende Leere im Inneren versuchen Sie mit materiellen Dingen zu füllen. Sie sind der Meinung, dass sie es müssen und später noch genügend Zeit haben all die Dinge zu tun, die sie eigentlich tun wollen. Sie arbeiten, um Rechnungen zu bezahlen und sich Dinge leisten zu können, von denen sie sich erhoffen, dass sie ihnen Glück und Erfüllung bringen.*

*Sie sind der Meinung, dass sie noch genügend Zeit haben, die Dinge zu tun, nach denen sie sich eigentlich sehnen. Dein Glück hängt jedoch von der Zufriedenheit deiner Seele ab. Und diese Zufriedenheit erreichst du nur durch die Abwesenheit des permanenten inneren Dialogs.*"

Die Worte von Kauhi erreichten eine tiefe Ebene in mir. Ich war so in meinen Gedanken versunken, dass ich nicht einmal merkte, dass Kauhi auf einmal verschwunden war. Ich drehte mich in alle Richtungen – er war aber nirgendwo zu sehen.

Ich machte mich auf den Rückweg und während ich ging, dachte ich über das Gespräch mit Kauhi nach. Und auf einmal wurde es mir klar: Es ging nicht nur um meine Intention.

Es ging um mich im Ganzen. Meine Intention ist mein Kompass, der mich immer wieder auf den richtigen Weg bringt. Es gibt auch keine Suche, sondern lediglich einen Prozess, der in Gang gesetzt werden muss. Menschen, die sich Schritt für Schritt mit ihrer Lebensaufgabe beschäftigen und herausfinden wollen, warum sie hier sind, finden auch die richtigen Antworten. Sie sind regelrecht von den neuen Erkenntnissen begeistert. Mit dieser Begeisterung erfüllen sie auch die Dinge, die ihrer Bestimmung entsprechen. Und genau diese Begeisterung ist der Schlüssel zu Glück, Zufriedenheit und Erfolg.

Viel zu oft suchen Menschen nach dem Glück. Sie reisen um die ganze Welt. Dabei ist das Glück oft zum Greifen nahe. Wir sind nur zu verblendet, um das zu erkennen.

Die Dinge, die wir aus dem Herzen heraus tun wollen, verschieben wir immer weiter in die Zukunft und vertrösten uns damit, dass der richtige Zeitpunkt schon kommen wird.

Oftmals ist uns überhaupt nicht bewusst, dass das Leben keine Generalprobe ist. Wir können nicht auf *„Rückspulen"* drücken und noch einmal von vorne beginnen.

Uns bleibt nur ein einziges Leben. Obwohl wir dies wissen, sind wir geblendet von der Annahme, dass wir Summe X im Monat verdienen müssen, damit wir ein glückliches und zufriedenes Leben führen können.

Durch das Finden unserer eigentlichen Bestimmung werden Geld und Materialismus weniger wichtig. Wir müssen uns keine Dinge mehr kaufen, die uns helfen zu entspannen oder mit denen wir uns besser fühlen. Die innere Leere muss nicht gefüllt werden, denn wir haben den Sinn für unser Dasein gefunden.

Menschen, die einmal die wichtigste Aufgabe für ihr Leben gefunden haben und danach leben, haben Spaß an dem, was sie tun. Sie verfügen über eine Zuversicht, wie sich die Dinge entwickeln werden. Mithilfe dieser inneren Zufriedenheit können uns auch immer wieder positive Dinge wiederfahren.

All die Jahre hatte ich meine Einstellung zu Erfolg, Reichtum, Glück und Erfüllung von anderen

Menschen abhängig gemacht. Ich habe ihre Definition für mich übernommen – ohne zu hinterfragen.

Kompletter Blödsinn!

Als ich am Hotel ankam, sah ich Carla an einem der Tische sitzen, die auf der Terrasse vor dem Hotel positioniert waren. Von dort aus hatte man einen herrlichen Blick auf das Meer. Sie winkte mir zu und ich setzte mich neben sie an den Tisch. Anschließend erzählte ich ihr von meinem Gespräch mit Kauhi und meiner Erkenntnis, dass ich lediglich zu mir selbst finden muss, um Glück, Zufriedenheit und das Gefühl des Angekommenseins erfahren zu können.

*„Vielleicht müssen wir unser Glück gar nicht suchen",* sagte Carla. *„Ich glaube, es ist schon da. Aber durch unsere Gedanken, Gefühle und die verschiedenen Limitierungen übersehen wir es permanent. Ich war nicht müde von meinem Job oder den Reisen, sondern meine Absichten waren einfach die Falschen!"*

Ich ergänzte: *„Wir suchen und suchen. Dabei haben wir all die Antworten bereits in uns. Sie haben sich nur versteckt. Sie sind nur einen Schritt hinter all dem Bullshit im Kopf verborgen."*

Als Carla und ich später ins Hotel gingen, kam die Dame der Rezeption auf uns zu. Sie gab mir einen Umschlag, auf dem unsere Namen standen. Ich schaute Carla an, die auch leicht verwundert schien. Ich bedankte mich für den Brief und öffnete den Umschlag.

Den darin enthaltenen Zettel entfaltete ich und las:

*Es gibt noch etwas Wichtiges für euch zu tun. Treffpunkt Morgen 10.00 Uhr am Bootssteg. Kauhi*

Was sollte das wieder bedeuten? Carla und ich sahen uns nur fragend an. In uns kam jedoch auch eine gewisse Neugier auf. Was würde uns am nächsten Tag erwarten?

# DER WEG VOR DEM WEG

Der nächste Morgen, Punkt 10.00 Uhr am Bootssteg. Als wir ankamen, wurden wir schon von Kauhi erwartet. Er stieg in ein kleines Boot und signalisierte uns, dass wir ebenfalls Platz nehmen sollten. Als wir saßen, begann Kauhi zu rudern. Wir entfernten uns ein Stück von der Insel. Um uns herum war nichts als Wasser. Das Plätschern, das entstand, wenn Kauhi mit den Rudern ins Meer schlug, hatte eine beruhigende Wirkung. Als wir ein gutes Stück von der Insel entfernt waren, lenkte Kauhi das Boot nach rechts. Wir steuerten eine andere Seite der Insel an. Am Ufer angekommen, stiegen wir aus und Kauhi befestigte das Boot.

Anschließend kam er auf uns zu, während wir noch etwas ungläubig auf das Meer schauten.

*„Kommt mit"*, sagte er und ging voraus. Wir gingen durch den Sand und betraten dann einen Trampelpfad, der bei genauerem Betrachten unterschiedliche Abzweigungen hatte.

Zielgerichtet ging Kauhi auf eine Hütte zu, die ganz allein am Strand stand. Vom Meer aus hatte ich die Hütte gar nicht wahrgenommen. Als wir näher an die Hütte herantraten, sahen wir einen Mann vor dieser sitzen. Er schaute uns an.

„*Das ist Maake*", sagte Kauhi. „*Er wird für die nächste Zeit euer Begleiter sein.*"

Kauhi machte eine dankende Geste in Richtung Maake und ging dann wieder zum Boot zurück. Carla und ich schauten ihm nach und anschließend uns gegenseitig an.

Mit hochgezogenen Augenbrauen rümpfte Carla die Nase und flüsterte: „*Ich weiß nicht, ob das so eine gute Idee ist. Wir sind hier irgendwo am Ende der Insel, mit einem vollkommen Fremden.*" Und mit einer Kopfbewegung deutete sie auf Maake.

Bevor ich jedoch etwas sagen konnte, machte Maake uns mit einem Kopfnicken deutlich, dass wir uns auf die beiden Stühle setzen sollten, die bei ihm standen. Carla setzte sich mit einer dankenden Geste neben Maake, ich mich gegenüber von ihm. Ich bemerkte eine gewisse Zeitlosigkeit in der Begegnung mit Maake, der seinen Blick wieder auf das Wasser richtete. Nach einiger Zeit lenkte er jedoch seine Aufmerksamkeit auf uns, ohne dabei ein Wort zu sagen.

Wir drei saßen einfach nur schweigend da. Ich spürte wie seine Blicke durch mich hindurch drangen. Ich hatte das Gefühl, dass er tief in mich hineinschaute – hinter meine Fassade, in mein wirkliches Ich. Den Bereich, der mir noch verborgen war.

Mit ruhiger Stimme sagte er dann in die Stille hinein: *„Morgen ist der Tag, an dem ihr den Teil hierlasst, den ihr nicht mitnehmen wollt."*

Carla und ich schauten uns sprachlos an. *Welchen Teil will ich denn nicht mitnehmen?*, dachte ich, traute mich aber nicht etwas zu fragen. So saßen wir noch eine ganze Weile mit Maake vor der Hütte und genossen die unendliche Stille, die lediglich durch das Rauschen des Meeres unterbrochen wurde. Die meiste Zeit saßen wir einfach nur schweigend da. Hin und wieder erzählte Maake uns etwas von seiner Familie. Und die Zeit schien wieder einmal vollkommen irrelevant zu sein.

Die ganze Situation war einfach surreal. Kauhi hatte uns zu Maake gebracht, der, zumindest in den bis jetzt erlebten Momenten, kein Mann der vielen Worte war. Die Ruhe und Stille hatte jedoch den positiven Effekt, dass dem Rennwagen in meinem Kopf wohl das Benzin ausgegangen war. Gelegentlich tauchten Gedanken auf, die ich durch bewusstes Atmen jedoch verstummen ließ.

Irgendwann zeigte Maake uns unsere Zimmer in seiner Hütte und zog sich dann zurück. Ohne viele Worte taten Carla und ich es ihm gleich.

5.00 Uhr am nächsten Morgen. Ein Klopfen an meiner Tür, das mit den Worten: *„Es ist Zeit"*, begleitet wurde, riss mich aus meinen Träumen. Noch leicht paralysiert setzte ich mich im Bett auf und hörte wie Maake an die Nebentür bei Carla klopfte und den Satz wiederholte: *„Es ist Zeit"*.

Eine kurze Dusche und dann trat ich aus der Hütte. Kurz nach mir erschien auch Carla. Auf dem Tisch standen vier Becher. Maake kam auf uns zu und sagte, dass er für jeden von uns zwei Getränke zubereitet hatte.

Wir bedankten uns und setzten uns an den Tisch, während Maake wieder in der Hütte verschwand.

Es war noch dunkel, als wir so dort saßen. Und Licht schien es auch nicht zu geben – Natur pur. Auch die Hütte war sehr spärlich und einfach. Kein luxuriöser Bau oder eine komfortable Einrichtung. Es schien als bräuchte Maake nicht viel zum Leben und Glücklichsein.

Denn auch wenn er nicht viel sagte, konnte ich in seinen Augen eine tiefe Zufriedenheit erkennen.

Carla und ich blickten auf das Meer. Da war es wieder – dieses beruhigende Rauschen. Ich nahm einen der Becher in die Hand und spürte die Wärme des Getränkes. Vorsichtig nippte ich daran: Süß. Es schmeckte nach Honig und Ingwer.

Ich lehnte mich zurück und die gesamte Anspannung wich aus meinem Körper. Tiefer Genuss. Ich schaute zu Carla hinüber und nahm ein leichtes Lächeln auf ihren Lippen wahr. Was würde dieser Tag für uns bereithalten?

Nachdem jeder von uns den ersten Becher geleert hatte, kam Maake zu uns an den Tisch und setzte sich. Wieder sagte er kein Wort. Ich nahm den zweiten Becher und trank einen Schluck – warmes Wasser. Nach einer Weile machte Maake eine Handbewegung. Er signalisierte uns damit, dass es Zeit zum Aufbruch war. *Ohne Frühstück?*, dachte ich. *Okay, starten wir also direkt in das Abenteuer.*

Wir folgten Maake auf dem Trampelpfad. Einen Teil des Weges waren wir gestern schon mit Kauhi gegangen. Jetzt hatten wir jedoch eine vollkommen andere Richtung eingeschlagen. Der Weg führte durch einen kleinen Wald. Dicht an dicht standen die Bäume, während sich zwischen ihnen Sträucher mit Beeren und anderen Früchten rankten. Hin und wieder konnten wir das Zwitschern der Vögel hören. Nach einiger Zeit kamen wir jedoch wieder vorne am Meer an.

*Verschiedene Wege zu einem gleichen Ziel,* dachte ich.

Wir waren weit weg von all dem, was von den Touristen hätte überrollt werden können. Einsames Meer mit Wald bis fast ans Ufer hatte etwas unglaublich Ursprüngliches. Um uns herum lagen abgebrochene Äste, Wurzeln und Steine.

Maake setzte sich in einen kleinen Steinkreis am Meer und bat uns mit einer Geste ebenfalls Platz zu nehmen. So setzten auch wir uns in den Steinkreis. Maake gab jedem von uns einen Stein in die Hand und schaute aufs Meer. Im nächsten Moment richtete er seine Aufmerksamkeit auf uns. Seine Präsenz war bemerkenswert.

*„Ich werde euch nun auf euer Ritual vorbereiten: Der Weg vor dem Weg. Geht in eurem eigenen Tempo am Meer entlang und platziert für alle markanten, negativ behafteten Begegnungen und Ereignisse in eurem Leben einen Stein auf dem Boden. Eure Aufmerksamkeit sollte dabei ganz bei euch sein. Den Abstand zwischen den Steinen bestimmt ihr allein. Ich werde am Ende eures Weges auf euch warten. Nehmt euch die Zeit, die ihr braucht."*

Mit diesen Worten stand er auf und ließ uns im Steinkreis zurück. Kurz schauten Carla und ich uns an. Dann standen wir auf und verharrten einen kurzen Augenblick. Wir schauten, wo es den jeweils anderen hinzog, damit wir uns nicht in die Quere kamen. Carla entschied sich für die Waldrichtung und ich ging dankbar nahe an das Meer.

Ich drehte den Stein in meiner Hand und blickte auf das Wasser. Ich überlegte mir, was die ersten negativen Erfahrungen in meinem Leben gewesen waren. Bilder meiner Schulzeit kamen in mir hoch. Ich kniete mich in den Sand und mit einer Heftigkeit, die mich selbst überraschte, rammte ich den Stein in den Boden. Meine Aufmerksamkeit blieb auf diesem Stein. Und ich betrachtete ihn, wie er in den Sand gedrückt, vor mir lag.

Dann wandte ich meine Aufmerksamkeit Richtung Meer. Das Timing hätte in diesem Moment nicht besser sein können. Denn in diesem Augenblick kamen die ersten Sonnenstrahlen über dem Wasser an. Was für ein Beginn.

Ich nahm den nächsten Stein und lief einige Schritte. Dann wiederholte ich das Ritual. Verletzungen, gescheiterte Beziehungen, finanzielle Fehler, Krankheiten, gescheiterte Ehe... Mit unterschiedlicher Heftigkeit platzierte ich die Steine am Boden. Irgendwann spürte ich eine gewisse Leichtigkeit. Mein Zeitgefühl hatte ich vollkommen verloren. Ich bemerkte lediglich wie die Sonne stieg.

Irgendwann hob ich einen weiteren Stein auf und wusste, dass dieser der Letzte in diesem Ritual war.

Ich schaute den Stein an, er war deutlich größer als die anderen. Ich drehte mich um und blickte auf die bisher platzierten Steine auf meinem Lebensweg.

Diesen letzten Stein setzte ich mit größtem Respekt vor dem bis jetzt gelebten Leben. Danach setzte ich mich Richtung Meer und bemerkte die Abwesenheit meiner Gedanken. Der Raum zwischen meinen Gedanken war deutlich größer geworden. Ich nahm einen tiefen Atemzug und drehte mich anschließend wieder um.

In diesem Moment sah ich Maake auf mich zukommen. Er reichte mir eine aufgeschlagene Kokosnuss. Und erst in diesem Moment nahm ich meine Körperbedürfnisse wahr. *Mann, ich hab´ vielleicht einen Durst. Danke*, dachte ich und mit einer dankbaren Geste nahm ich Maake die Frucht aus der Hand.

Nachdem ich meinen Durst gestillt hatte, schaute ich mich ein wenig um. Carla war noch auf ihrem Weg. Ich sah wie sie einen Stein im Stehen auf den Boden knallte. Wow – Emotionen pur. Maake und ich warteten geduldig bis auch sie ihren Weg zu Ende gegangen war.

Anschließend reichte Maake auch ihr eine aufgeschlagene Kokosnuss. In ihren Augen konnte ich Erleichterung und ein tiefes Gefühl des Glückes erkennen. Was für ein Moment.

# DER WEG HINTER DEM WEG

Nachdem wir unser Ritual beendet hatten, lud Maake Carla und mich ein, auf zwei Steine im Schatten der Bäume Platz zu nehmen. Er selbst setzte sich auf einen Stein, der direkt vor uns positioniert war. Er schaute uns an: Eigentlich schaute er direkt durch uns hindurch, so wie er es bereits bei unserem Kennenlernen getan hatte.

Mit ruhiger Stimme sagte er dann: *„Willkommen zum Neubeginn in eurem Leben. Ihr habt beide einen Punkt in eurem Leben gesetzt. Nun wollen wir diesen Neubeginn manifestieren und materialisieren."*

Maake verstummte kurz. Carla und ich sahen uns an – nicht mehr so fragend, wie zu Beginn unserer Reise, sondern vielmehr erwartungsvoll.

Anschließend fuhr Maake fort: *„Seit Jahrtausenden wird das Ritual von den Schamanen genutzt, um Menschen an einen besonderen Punkt zu bringen. Ich selbst erlebte dieses Ritual vor meinem 22. Geburtstag. Und es ist das wahrscheinlich prägendste Ritual meines gesamten Lebens."*

Zu diesem Zeitpunkt war mir nicht bewusst, dass noch etwas folgen würde. Ich war der Meinung, dass das Setzen der Steine in den Sand bereits das Ritual gewesen war. Ich sollte jedoch eines Besseren belehrt werden.

Maake deutete nach rechts. Wir erblickten eine große Sandfläche, umrahmt von einem Wald, der, wie schützend, einen Kokon bildete. In dieser Lagune befanden sich vereinzelt große Steine. Genau in diesem Moment vernahmen wir ein leichtes Rascheln. Die Büsche teilten sich und ein Mann trat in den Sand. Ohne ein Wort zu sagen, nahm er neben uns auf einen der anderen Steine Platz.

*„Das ist Pöhaku. Er wird einen von euch begleiten"*, sagte Maake.

*„Pöhaku und ich werden euch zu eurem Platz geleiten. Anschließend nehmt ihr auf einem Stein Platz und schaut uns genau zu. Wir werden für euch ein großes Loch in den Sand graben. Während wir dies tun, durchlauft ihr noch einmal gedanklich eure Lebensgeschichte. Fragt euch, welche Ereignisse oder Situationen ihr bei eurem vorherigen Ritual übersehen oder vergessen habt."*

*Holy Shit*, fährt es mir durch den Kopf. *Die schaufeln mein Grab.*

Die Enge, die ich in diesem Moment in meinem Hals wahrnahm, lässt sich nur schwer in Worte fassen. Ich hatte das Gefühl, als würde mir jemand eine Schlinge um den Hals legen und zuziehen. Es fühlte sich so real an, dass ich aus Reflex an meinen

Hals fasste. Aber da war nichts. Tausend Gedanken schossen mir durch den Kopf und mein Impuls sagte mir:

*Renn! Jetzt! So schnell du kannst!*

Aus meinem Augenwinkel heraus konnte ich erkennen, dass auch Carla Panik verspürte. Ich richtete meine Aufmerksamkeit wieder auf Maake und atmete tief durch. Ich sah zu Carla und auch sie hatte ihre anfängliche Panik weggeatmet.

Maake schaute uns an und ich überlegte, ob er in der Zwischenzeit etwas gesagt hatte, das ich vielleicht nicht wahrgenommen hatte. Zum ersten Mal konnte ich ein leichtes Lächeln auf seinen Lippen erkennen. Er sah uns mit seinen wissenden Augen an und sagte: *„Ich weiß, wie ihr euch fühlt. Auch ich kann mich noch sehr gut an dieses Gefühl erinnern. Mein Vater lehrte mich jedoch schon früh, wie ich mit überraschenden Situationen umzugehen habe. Immer wenn er wahrnahm, dass mich etwas stark berührte, trat er hinter mich, legte seine Hand auf mein Schulterblatt und sagte: ´Ausatmen´. Erst über die Jahre habe ich verstanden, welche Kraft das Ausatmen hat."*

Mir schoss wieder die Teeweisheit durch den Kopf:

*Unterschätze niemals die Kraft des Atems.*

Das Lächeln wich aus Maakes Gesicht und er fuhr mit der Erklärung des Rituales fort: *„Ihr habt sicherlich bereits verstanden, dass wir euer Grab schaufeln. Wir werden euren Körper tief vergraben. Lediglich euer Kopf wird noch herausragen. Um diesen wickeln wir ein Tuch, während er im Schatten der großen Steine liegt. Bitte betrachtet dieses Ritual mit Respekt und Würde.“*

Und wieder tauchten tausend Fragen in meinem Kopf auf, ich traute mich aber nicht, sie zu stellen. Denn Maakes Blick machte mir deutlich, dass er keine dieser Fragen beantworten würde. Also nahm ich es so hin und schluckte meine Fragen runter.

Maake und Pöhaku erhoben sich. Pöhaku gab mir zu verstehen, dass ich ihm folgen sollte. Ich schaute noch einmal zu Carla. Sie nickte. Noch ein tiefer Atemzug und dann folgte ich ihm.

Unser Weg führte uns ein Stück am Strand entlang. Zielstrebig steuerte Pöhaku einen bestimmten Ort an. Dort angekommen, signalisierte er mir, dass ich mich auf den dort platzierten Stein setzen sollte. Da saß ich also nun am Strand, das leichte Rauschen des Meeres in den Ohren.

Ich wusste nicht, was mich nun erwarten würde und welche Gefühle ich dabei empfinden sollte.

Pöhaku trat vor mich, faltete seine Hände zusammen und verneigte sich anschließend vor mir. Er verharrte in dieser Position und genau in diesem Moment überkam mich eine unendliche Ruhe. Ich erhob mich und verneigte mich ebenfalls vor ihm. Erst jetzt verstand ich die Kraft dieser Geste.

Ein subtiler Gedanke raste durch meinen Kopf: *Wie konnte es diese kraftvolle Geste nur als massentaugliches Emoji auf alle Smartphones schaffen – absurd.*

Bevor meine Gedanken jedoch zu sehr abschweiften, fokussierte ich mich wieder. Ich richtete meine Aufmerksamkeit wieder voll auf Pöhaku. Und mit einem tiefen Atemzug kam auch die Ruhe wieder.

Pöhaku bat mich mit einer Handgeste wieder Platz zunehmen. Ich starrte in den Sand. Noch einmal richtete er seinen Blick kurz auf mich und dann begann er mit kraftvollen Armbewegungen ein Loch zu graben. Nur mit seinen Händen grub er im Sand – immer tiefer und tiefer. Ich hatte größten Respekt und Achtung vor Pöhaku, der mit voller Hingabe und einem enormen Kraftaufwand das Loch in den Sand grub.

Auf einmal hatte ich das Gefühl, mich in zwei Realitäten zu befinden. In der einen sah ich wie Pöhaku immer tiefer und tiefer grub. In der parallelen

Realität lief mein Lebensfilm ab. Ich lächelte, wurde wütend und dann... Mit einem tiefen Seufzer war ich wieder da. Pöhaku hatte das Loch fertiggegraben.

Er signalisierte mir, dass ich mich in dieses legen sollte. Ich erhob mich von meinem Stein und zog mich bis auf die Unterhose aus. Dann machte ich den ersten Schritt.

Gedanken schossen mir wieder durch den Kopf: *Was ist, wenn ich auf Toilette muss? Wie lange werde ich hier liegen? Bleibt Pöhaku bei mir? Warum tue ich mir das eigentlich an? Verdammt nochmal, was mache ich hier eigentlich?*

Pöhaku legte seine Hand auf meinen Rücken. Er lächelte und gab mir zu verstehen, dass er neben mir sitzen bleiben würde.

*Kann er meine Gedanken lesen*, fragte ich mich.

Bevor der Rennwagen in meinem Kopf aber volle Fahrt aufnehmen konnte, wurde mir bewusst, dass ich mich dem Ritual vollkommen hingeben müsste.

*Du hast die Reise begonnen und willst sie auch beenden,* sagte ich mir.

Also ließ ich mich vollkommen auf das Ritual ein. Ich richtete meinen Blick auf das Meer und legte mich in das Grab – in mein Grab. Mein Körper war vollkommen darin verschwunden. Nur der Kopf ragte heraus. Wie Maake es gesagt hatte, wickelte Pöhaku ein Tuch um meinen Kopf.

Dann begann er mit seinen Händen den Sand auf meinen Körper zu schieben.

*Boah, ist das kalt*, schoss es mir durch den Kopf.

Ich spürte wie der Sand auf meinem Körper immer schwerer wurde – vollkommen bewegungsunfähig. Es fühlte sich an, als wäre ich einbetoniert worden. Nicht einmal den kleinen Finger konnte ich bewegen. Nichts, es ging einfach nichts. Ich erinnerte mich an meine Kindheit: Italien am Strand – einbuddeln im Sand, bis zu den Knien. Aber das hier! Das war eine ganz andere Nummer!

Das Tuch über meinem Kopf nahm mir die komplette Sicht. Ich hörte nur wie Pöhaku neben mir schwer atmete, während er die Sandmassen auf mich schob.

Die Last auf meinen Körper wurde größer. Und dann spürte ich wie Pöhaku den Sand festklopfte. Mit einmal hörte ich Schritte im Sand, die sich entfernten.

*Irgendwie werde ich das überstehen*, dachte ich.

Kaum hatte ich meinen Gedanken beendet, hörte ich die Schritte wieder näherkommen. Ich nahm wahr, dass sich jemand neben mich kniete. Im nächsten Moment hörte und spürte ich, wie sich Sand in Richtung meines Halses bewegte.

Buff! Die erste Ladung wurde unter meinen Hals geschoben.

*Bullshit*, dachte ich und bekam für einen Moment keine Luft.

Dann gingen die Schritte auf die andere Seite. Und auch hier das gleiche Spiel. Ich war gefangen! Unbeweglich.

In diesem Moment kam ich an den Punkt, den ich mein Leben lang nicht vergessen werde. Der Moment, in dem es egal ist, zu leben oder zu sterben. Ich verstand den Satz:

**Endloses Sein auf einer endlosen Reise.**

Dieser Satz ging mir einfach nicht mehr aus dem Kopf, als ich ihn am Abend zuvor in Maakes Hütte gelesen hatte. Jetzt verstand ich endlich, was gemeint war.

Und ich verstand auch das Ritual der Schamanen: Der Tod ist nicht das Ende oder ein Leiden. Es ist vielmehr ein Erwachen oder eine neue Wahrnehmung. Eben ein endloses Sein auf einer endlosen Reise. Und erst in diesem Moment begann meine eigentliche Reise.

# IM LEBEN ANKOMMEN

Ich weiß nicht mehr, wie lange ich dort im Sand gelegen habe. Es könnten drei, vier oder auch mehr Stunden gewesen sein. Zeit war in diesem Moment und in dieser Situation vollkommen zweitrangig geworden. Mich hat es auch später nicht interessiert, wie lange ich in meinem Grab gelegen hatte. Wichtig war nur, dass ich dort etwas erlebt hatte, dass mit Worten nicht zu beschreiben ist.

Irgendwann spürte ich, dass Pöhaku begann, mich von dem Sand zu befreien. Er hatte den richtigen Zeitpunkt erkannt, um mich zurück ins Leben zu holen – in **MEIN** Leben. Als er mir das Tuch vom Kopf nahm, trafen die Sonnenstrahlen mein Gesicht.

Pöhaku nahm den Großteil des Sandes von meinem Körper und ich stieg aus dem Grab. Vom restlichen Sand befreite ich meinen fast nackten Körper selbst. Dann setzte ich mich ans Meer. Die Sonne wärmte meinen ausgekühlten Körper. Ich saß im Sand, meinen Blick auf das Meer gerichtet und meine Gedanken waren weg. Sie waren einfach nicht mehr da.

Ich habe selten in meinem Leben eine so tiefe Ruhe und wahnsinnige Zufriedenheit gespürt, wie in diesem Augenblick.

Mit dem Rauschen des Meeres im Ohr, meinen Blick auf die treibenden Wellen gerichtet, wurde mir bewusst, was wirklich wichtig im Leben ist und was gar keine Rolle spielt.

Und ich verstand, dass es um das Loslassen ging. Nicht nur das Loslassen von den Gedanken, sondern vor allem von all dem Bullshit, der uns täglich, unser gesamtes Leben über, eingetrichtert wird.

Los. Lassen. Können.

Sich auf das zu fokussieren, das wirklich wichtig ist, führt dazu, dass der Abstand zwischen den Gedanken größer wird.

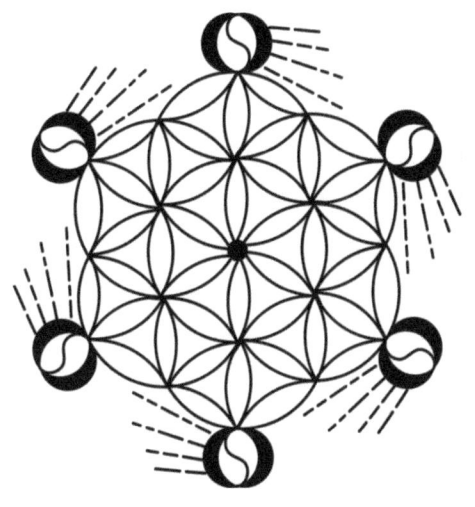

# MATERIALISIEREN

Am Abend vor dem Abflug saßen Carla, Kauhi und ich in einem Café. An uns zogen Menschen aller Altersgruppen mit ihren Yoga-Matten vorbei. Sie alle waren bereit den ersten entspannten Atemzug auf der Yoga-Matte zu praktizieren.

Wir drei sahen uns an und lächelten. Denn wir wussten, jeder von uns unternimmt eine ganz individuelle Reise, die nicht planbar und im Reisebüro auch nicht buchbar ist. Ich spürte eine tiefe Dankbarkeit. Dankbarkeit dafür, dass ich diese Menschen auf meiner Reise treffen durfte und ich war dankbar für die Erlebnisse.

Während meiner Zeit auf der Insel konnte ich Antworten auf zwei wichtige Fragen finden: **Wie werde ich glücklich? Was ist die Aufgabe meines Lebens?**

Mir wurde klar, dass ich durch das Verstummen meines inneren Dialoges, meine wahre Intention finde. So ist es mir möglich meine eigene Realität zu erschaffen. Und durch die Manifestation finde ich mein Glück und **MEINE** Aufgabe.

Ab diesem Zeitpunkt wusste ich, dass es kein höheres Bewusstsein gibt. Auch meine anfänglichen Intentionen hatten nichts mehr mit dem Wissen zu tun, das ich gefunden hatte. Es war so, wie Kauhi es mir bei unserem Spaziergang erzählt hatte.

Die Suche nach dem Sinn des Lebens ist vielmehr ein aktiver Prozess, der lediglich gestartet werden muss.

Wir alle tragen diese Fähigkeit in uns. Wir haben nur verlernt oder vergessen sie zu nutzen. Wenden wir uns mit voller Hingabe dem Bewusstsein und der Wahrnehmung zu, unterbrechen wir unseren inneren Dialog. Unser Intellekt wird sich dann auf eine wichtigere Ebene verlagern. Auf diese Weise beginnen wir unsere Natur der Existenz nicht ausschließlich durch den Intellekt zu verstehen. Unsere innere Sprache wird so zur Sprache unseres Geistes.

Um einen Sinn oder das Glück zu finden, müssen wir also aufhören auf eine intellektuelle Weise danach zu suchen. Vielmehr müssen wir beginnen einen aktiven Prozess zu starten, den wir mit unserem gesamten Körper durchleben.

Carla und ich begaben uns auf eine Reise, um Antworten zu finden. Antworten, die eigentlich schon in uns verborgen waren. Unsere eingefahrenen Denkweisen, Glaubenssätze, Einstellungen und Limitierungen haben uns jedoch davon abgehalten die Antworten zu finden.

Als wir drei in diesem Café saßen und die Sonne betrachteten, die langsam unterging, wurde mir bewusst, dass es nicht auf alle Fragen Antworten geben kann. Oder zumindest keine Antworten, die für alle Menschen zufriedenstellend sein könnten.

Die Antworten auf die Fragen: **Wo kommen wir her? Wo gehen wir nach dem Tod hin?** sind sicherlich abhängig von der Religion oder Lebenseinstellung eines jeden Menschen. Es kann einfach nicht auf alle Fragen eine einheitliche Antwort geben, mit der wir alle glücklich werden.

Eines stand für mich nach den vergangenen Tagen jedoch fest: Ich muss keine Angst vor dem Tod haben. Ich sehe, seit meinem Aufenthalt auf der Insel, dieses Lebensereignis als Erwachen an. Und ich würde auch keine Möglichkeiten mehr in meinem Leben verstreichen lassen, die ich später vielleicht bereuen würde.

Für mich war klar, dass ich mich nicht mehr von meinem inneren Dialog leiten lassen würde, sondern von meiner wahren Intention. Endlich hatte ich **MEINE** Aufgabe gefunden. Mein gewonnenes Wissen würde ich dazu nutzen, mir meinen Lebenstraum zu erfüllen. Frei von der Meinung anderer und unabhängig davon, was andere über mich denken oder sagen würden.

Für mich war klar, dass ich andere Menschen an meinem Wissen teilhaben lassen werde, um sie dabei zu unterstützen, für sie wichtige Fragen in ihrem Leben zu beantworten.

Und auch Carla hatte für sich viel aus den letzten Tagen und den damit verbundenen Ereignissen mitgenommen. Ihr wurde klar, dass sie ihren Job gerne machte. Jedoch würde sie in Zukunft nur noch Projekte angehen, bei denen sie auch ein gutes Gefühl hatte.

Keine Reisen mehr, nur um nicht zu Hause sein zu müssen. Keine Sieben-Tage-Wochen mehr. Und auch der vollgepackte Terminkalender sollte der Vergangenheit angehören.

Sie wollte sich wieder mehr den Dingen widmen, an denen sie früher Freude gehabt hatte. Die Formel: Intention-Realität-Materialisierung sollte von nun an auch ihr Leben bestimmen. Aus diesem Grund entschied sich Carla, noch einige Tage länger auf der Insel zu bleiben.

Uns war klar, dass wir einige Dinge nicht von heute auf morgen in unserem Leben verändern konnten.

Es würde Zeit benötigen. Aber wir hatten durch das gewonnene Wissen eine solide Basis für Veränderungen geschaffen.

Und manchmal, wenn ich einfach nicht weiterwissen würde, könnte ich mich an die Geschichte erinnern, die Kauhi uns an diesem Abend im Café noch erzählte:

*Einst lebte ein Mann, der das 50. Lebensjahr schon überschritten hatte. Sein einziger Sohn war gestorben und kurz nach diesem schicksalshaften Ereignis verstarb auch seine Frau. Der Mann stellte sich die Frage, wofür er jetzt noch leben sollte. Hatte sein Leben überhaupt noch einen Sinn?*

*So verließ er seinen Bauernhof und begab sich mit seinen Schafen und seinem Hund auf Wanderschaft. Er wanderte eine ganze Weile und kam schließlich in eine trostlose Gegend, die einer Wüste ähnelte. Das rücksichtslose Roden der Menschen führte in dieser Gegend dazu, dass der Boden keinen Schutz mehr hatte. Während er weiterzog, kam er durch viele Städte, dessen Häuser meist leer standen. Die meisten Bewohner hatten die Gegend verlassen.*

*Der Mann siedelte sich dort an und hoffte endlich vergessen zu können und seine Traurigkeit zu überwinden. Er suchte eine sinnvolle Beschäftigung, um sich ablenken zu können. Schon bald wurde ihm klar, dass ohne Bäume bald auch die verbleibende Landschaft sterben würde. Das wollte er jedoch um jeden Preis verhindern. Er besorgte* sich Säcke mit Eicheln und steckte eine nach der anderen in den Boden.

Er hatte eine Aufgabe gefunden, die ihn erfüllte und er hoffte, dass ihm noch genügend Zeit verbleiben würde, seine Aufgabe weiter ausführen zu können. Nach einigen Jahren konnte er die Früchte seiner Arbeit erblicken: Viele Eichen waren gewachsen.

Und die Wurzeln der Eichen hielten den Regen fest, der vom Himmel fiel. So konnte das Wasser wieder in die Bäche fließen. Wiesen und Weiden erblühten und selbst die Vögel kehrten, in die einst trostlose Gegend, zurück.

Die Familien kamen in die Dörfer zurück. Die Häuser wurden renoviert und Neue erbaut. Alle fanden wieder Freude am Leben. Der Mann konnte seine Trauer nie ganz vergessen. Doch er war dankbar dafür, dass mit dem Erblühen der Wälder auch er wieder innerlich erblühte. Sein Leben hatte wieder einen Sinn bekommen.

Mit knapp 90. Jahren verstarb der Mann. Man erzählt sich, er habe drei wunderschöne und einzigartige Wälder hinterlassen, die elf Kilometer lang und drei Kilometer breit sind. Wer heute in den Eichenwäldern spazieren geht, kann immer noch die wunderbare Energie spüren.

Nach dieser Geschichte schlossen Carla und ich einen Pakt: In zwei Monaten wollten wir uns auf einen Kaffee treffen und über das Erlebte der letzten

Wochen sprechen. Wir wollten dem jeweils anderen erzählen, wie die drei Worte unser Leben bis dahin verändert hatten.

Wir versprachen uns, jeden Moment unseres Lebens ab jetzt selbst zu kontrollieren und uns nicht durch Botschaften, Einstellungen oder Glaubenssätze anderer beeinflussen zu lassen.

Wir wollten uns nie wieder anpassen, nur um den Vorstellungen anderer zu entsprechen. Nie wieder wollten wir uns vorschreiben lassen, ob und wie wir unser Schicksal bestimmen. Jeder von uns weiß ganz allein, was mit dem eigenen Leben angefangen werden soll. Wenn wir jedoch die Initiative nicht ergreifen, werden andere für uns die Entscheidung treffen und unseren Weg bestimmen.

An diesem Abend fühlte ich mich zum ersten Mal vollständig in meinem Leben angekommen. Wir saßen mit Kauhi noch lange im Café und die meiste Zeit sagte keiner von uns ein Wort. Es war eine beruhigende und kraftvolle Stille.

Irgendwann erhob er sich. Er nickte Carla zu und sie erhob sich, um ihn zu verabschieden. Es gibt Umarmungen und Umarmungen. Als Kauhi mich in den Arm nahm, fühlte ich diese unglaubliche Kraft in diesem Mann. Ich wollte eigentlich überhaupt nicht loslassen. Er drückte mich sanft in eine aufrechte

Position. Er legte seine Hand auf mein Herz, schaute mir in die Augen und sagte: *„Ben, Schamanen hinterlassen keinen Spuren."*

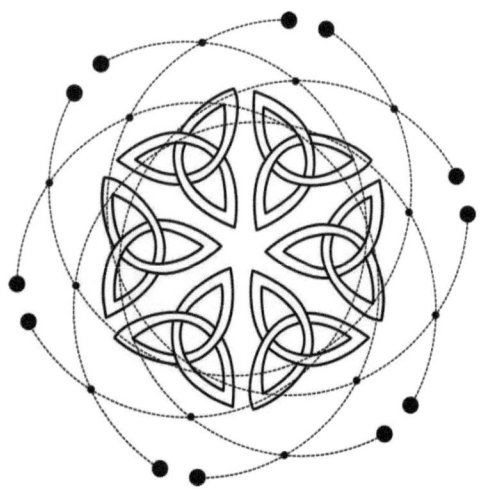

# DIE MAGISCHE LINIE

Super, mein Platznachbar wollte mit mir den Sitzplatz wechseln, da er lieber am Gang sitzen wollte. Mit einer dankbaren Geste tauschten wir die Plätze. Der Blick in die Weite ließ meine Gedanken nochmals fließen. Die vorbeiziehenden Wolken hatten eine beruhigende Wirkung auf mich. Ich bemerkte in meinem Körper, dass die Rituale sehr anstrengend gewesen waren. Eine wohlige Erschöpfung nahm Schritt für Schritt, Zelle um Zelle, ihren Weg. Und dann nahm ich ganz subtil wahr, dass sich da ein Gedanke langsam in den Vordergrund schieben wollte. Es fühlte sich so an, als ob dieser eine Gedanke sich durch alle anderen Gedanken Platz schaffen wollte. Aber wie? Ich erinnerte mich an mein Klostererlebnis und stellte mir vor, nochmals einen Schritt vor den anderen zu setzen und immer langsamer zu werden. Schritt – A T M E N – Schritt.

Der Gedanke wurde zu einem Bild. Ich sah eine lange eiserne Kette. Ich ging mit meiner Aufmerksamkeit an dieser Kette entlang bis ich am Schluss angekommen war. Dort waren die letzten drei Glieder aufgerissen.

Am Ende der Kette angekommen, waren meine Gedanken nicht mehr vorhanden. Und dann realisierte ich auf einmal, welche „magische Linie" mir in den letzten Wochen geschenkt worden war. Ich hatte bisher nur die Einzelteile wahrgenommen, lediglich einzelne Events ohne eine wirkliche Linie darin wahrzunehmen. Und nun wusste ich, was ich übersehen hatte. Die Kraft liegt in der Linie:

**Intention -------- Realität ------- Materialisierung**

Dass ich das übersehen konnte. Ich schlug mir mit der Hand an die Stirn und lachte lauthals heraus. Mein Sitznachbar fragte, ob alles ok sei. Ich schaute ihn verständnislos an. Ja! Mehr als das. Ich hätte ihn direkt umarmen können, so viel Glück habe ich in diesem Moment empfunden. Ich fragte ihn, ob er ein Blatt Papier und etwas zum Schreiben für mich habe. Er kramte in seinem Rucksack und streckte mir einen Kugelschreiber und ein abgerissenes Blatt Papier entgegen.

*„Reicht das?"*

*„Perfekt. Vielen Dank"*

Ich wusste in diesem Moment, dass ich eine der wichtigsten Lektionen für mich gelernt hatte. Schnell schrieb ich mir die Formel auf das Blatt Papier. Als ich danach auf das Blatt starrte, wusste ich plötzlich nicht mehr, warum diese Linie so besonders war. Mein Formel-1-Turbo im Kopf war wieder am Rasen. Was soll das? Warum ist das besonders?

Ich lehnte mich zurück und atmete aus. Meine Gedanken beruhigten sich. Genau, nur mit einer glasklaren Absicht, ohne störende quatschende Gedanken, kann ich eine **Intention** setzen. Eine glasklare präzise Absicht. Ich stellte mir dann vor, wie diese Intention eine Art Kraft ist, die eine **Realität** erschaffen will. Diese Realität wird zuerst in einer Art Traum erschaffen, bevor ich sie dann mit dieser Kraft **materialisieren** kann.

Ich starrte auf mein Blatt Papier. Wow. Das ist so brillant einfach. Wieso hatte ich das noch nie vorher irgendwo gehört oder gelesen? Der Gedankenturbo wurde gezündet und wollte gleich mal ein paar Tests durchführen, ob das wirklich so genial sei. Als erstes kam mir mein Freund Chris in den Sinn. Der Mann, der mir die Architektur für mein Haus geliefert hatte.

*„Ein Haus muss lebenswert sein. Du musst dich darin wie in einem Kokon fühlen."*

Aha! Das ist sie also, die Intention. Ich habe diesen Satz nie vergessen. Das war also seine **Absicht** bevor er an die Planung ging.

*„Kleiner machen können wir es später immer noch."*

Auch dieser Satz hat mir immer wieder über die Jahre ein Lächeln auf das Gesicht gezaubert. Denn der Erstentwurf war ungefähr doppelt so groß wie erwartet. Da war sie also die **Realität.** Durch geschicktes Fragen wie bestimmte Räume genutzt werden sollen, haben wir eine gemeinsame Realität auf dem Papier geschaffen.

*„Du weißt genau was du willst!"*

Die morgendlichen Sitzungen mit den Handwerkern waren glasklar. Eine unsichtbare Kraft trieb mich an. Jetzt ging es um das **Materialisieren.** Und zwar in Rekordgeschwindigkeit.

Ich spielte in meinem Kopf noch einige verschiedene Beispiele durch. Ich konnte das auf Beziehungen, Projekte, ja einfach auf alle Lebensbereiche anwenden.

Jedes Mal, wenn ich irgendwo nicht klar gewesen bin, ging etwas schief. Zufrieden lehnte ich mich in den Sitz und machte es mir so gemütlich wie möglich.

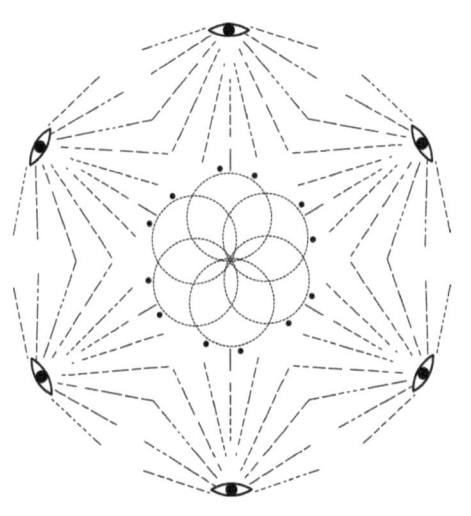

# LANDUNG

Touchdown! Die Regentropfen prasselten an die Fenster, während der Flieger landete. Menschen stießen gegen mich und versuchten Zentimeter an Vorsprung zu gewinnen. Es dauerte eine Weile bis ich das Flugzeug verlassen konnte.

Endlich geschafft!

Um mich herum wieder Lärm, Stress und Hektik. Alle versuchten möglichst schnell an ihr Ziel zu kommen. Ich sah Menschen, die wie gebannt auf ihr Smartphone starrten. Männer und Frauen, die wie getrieben durch den Terminal liefen. Die beruhigende Stille der Insel war den Geräuschen des Alltages gewichen.

Ich setzte mich noch einmal an das Gate und schloss meine Augen. Die Lautsprecheransage riss mich aus meinen Gedanken:

*Boarding für Gate 22.*

War ich weg?

# DANKE

Für alle außergewöhnlichen Begegnungen rund um den Globus, die mich in den letzten 20 Jahren zu dem Menschen haben werden lassen, der nun dieses Wissen mit dir in diesem Buch teilen kann.

Ich danke meinen Lehrern, die mir in verschiedensten Ritualen Erkenntnisse ermöglicht haben, die weit hinter meinem Vorstellungsvermögen lagen. Sie haben mich Antworten auf meine Fragen finden lassen.

Danke meiner Lektorin Antje, die mir geholfen hat, meine Gedanken und Texte lesbar zu machen. Ohne sie wären die Worte nicht wie sie sind.

## Intention

Meine Intention für dieses Buch ist: Ermöglichen

Ich möchte dir ermöglichen, diese Reise von Ben und Carla als Inspiration zu nehmen.

# NACHWORT

Ich danke dir für die gemeinsame Reise, die gemeinsamen Stunden. Ich wünsche dir den Mut, deinen Aufbruch ins Leben in Angriff zu nehmen. Das Leben ist keine Generalprobe. Mach es zu etwas besonderem – für dich. Falls du einige deiner Gedanken teilen möchtest: Ich habe einen Ort geschaffen, an dem du dies tun kannst. Diesen Ort findest du unter:

www.gate2-2.com